常春藤传记馆

温儒敏／主编

U0820116

探索宇宙之谜

爱因斯坦传

赵婕　刘乃清　著

長春出版社
国家一级出版社
全国百佳图书出版单位

图书在版编目(CIP)数据

探索宇宙之谜:爱因斯坦传 / 赵婕, 刘乃清著. —长春:长春出版社, 2017.7
(常春藤传记馆 / 温儒敏主编)
ISBN 978-7-5445-4941-7

Ⅰ. ①探… Ⅱ. ①赵… ②刘… Ⅲ. ①爱因斯坦((Einstein, Albert 1879–1955)–传记 Ⅳ. ①K837.126.11

中国版本图书馆 CIP 数据核字(2017)第 175568 号

探索宇宙之谜:爱因斯坦传

著　　者:赵　婕　刘乃清
责任编辑:谢冰玉
封面设计:楠竹文化

出版发行:长春出版社　　总编室电话:0431-88563443
编辑室电话:0431-88525948　　发行部电话:0431-88561180
地　　址:吉林省长春市建设街 1377 号
邮　　编:130061
网　　址:www.cccbs.net
制　　版:荣辉图文
印　　刷:长春第二新华印刷有限责任公司
经　　销:新华书店

开　　本:787 毫米×1092 毫米　1/32
字　　数:110 千字
印　　张:6.875
版　　次:2017 年 7 月第 1 版
印　　次:2017 年 7 月第 1 次印刷
定　　价:19.80 元

版权所有　盗版必究
如有印装质量问题,请与印厂联系调换　　印厂电话:0431-87923413

总　序

温儒敏

十多年前，我主持人民教育出版社高中语文教材的编写，其中选修课就专门设置有《中外传记选读》一种，我自己还动手编写了这本教材。因为受高考“指挥棒”影响，一般学校的选修课未必真能让学生自主选修，很多选修教材编出来都没有使用，但《中外传记选读》一直很受欢迎，每年都有重印。这让我对传记的阅读推广有了特别的关注。

我还注意到最近三四年高考语文试题命制的一种趋向，无论全国卷还是其他省市卷，阅读题往往都选传记作为材料。比如2016年全国卷的甲、乙、丙三个卷子，文言文阅读的材料全是传记，包括《明史·陈登云传》（甲卷）、《宋史·曾公亮传》（乙卷）和《明史·傅珪传》（丙卷）；现代文阅读的实用类文本也多用传记，节选了《吴文俊传》和《陈忠实传》。可见传记阅读越来越受到重视，考试也有意往这方面引导。

中小学语文教材也应当多选一些传记。现在

教育部正组织编写一套新的义务教育语文教科书，聘我担任总主编，这套新教材就选了不少名人传记，并鼓励学生多读传记。

为什么中小学生要多读传记？我曾在《中外传记选读》的前言中说过理由，这里不妨转述一下：

> 同学们都渴望能拥有健全、快乐和成功的人生，现在的学习阶段就在做准备，而且其本身就已经是你人生经历的一部分。我们该怎样设计自己的人生？当然最重要的还是学习。除了学习文化知识，还要从历史人物或者成功的人物身上学习宝贵的生活道理、人生哲学以及获取成功的途径。这就是励志教育，是人生教育中非常重要的部分。人都需要不断添加生活的动力，特别是在年轻的时候，要有偶像和楷模，有高远目标的激励。如同英国思想家培根所说过的：“用伟人的事迹激励我们，远胜一切的教育。”让同学们从那些杰出的成功的人物身上吸取人生的经验，从前人多种人生道路的选择中寻找我们各自的“契合点”，这就是我们设立这门课的主要目的。

这里说的“设立这门课的主要目的”，其实

也是我们推出这套“常春藤传记馆”丛书的目的。

“常春藤传记馆”丛书由北京大学语文教育研究所组织编写，长春出版社出版。丛书每本10万字左右，其选目、内容和写法都是为中小学生“量身定制”的。我们希望这套丛书能作为基本图书进入中小学图书馆。和其他同类传记图书相比，“常春藤传记馆”丛书有四个特色：

一是传主覆盖范围广。包括中外古今各个领域的名人，涉及政治、军事、科学、实业、社会活动、文学、艺术、革命等领域。重点考虑有代表性的、在精神层面可以给学生激励的那些名人。

二是和课程教学有呼应。中小学除了语文，各个学科的教材和教学都会涉及中外古今各个领域的著名人物，选择主题首先考虑这一情况，选取学生有所接触又可能希望进一步了解的那些名人。这可以满足学生不同的兴趣爱好。

三是专门为中小学生编写。本套传记不是专业性强的评传，而是重在勾勒传主生平事业贡献的小传，内容和文字力求深入浅出，生动形象，有趣有味。阅读对象接受水平可以定位在初中程度，也可以稍高一点。特别是有些理科方面的传记，主要面对高中生。其实，小学生的课外阅读也要取法乎上，他们可以读这套为中等文化水平的读者设计的书。

四是内容安排上特别注重励志及健全的人格心理引导培养，在叙说传主生平事迹时，适当地自然地凸显这些方面的思考。

从书取名“常春藤传记馆”，有特别的含义。“常春藤”是一种多年生常绿藤类灌木。美国哈佛大学等几所著名的私立大学，组成体育联盟，叫“常春藤盟校”，其起名是因为这些老校的校舍墙上常攀缘有常春藤。本丛书以“常春藤传记馆”作为标识，是虚拟的意象，可以联想到著名的学府，也可以联想到古代的书院，从而营造浓郁的阅读氛围和宁静的心境。另外，“常春”和“长春”同音，暗含这套丛书是由长春出版社出版的。

但愿广大师生喜欢这套书，也期盼大家提出批评建议，共同来经营好这套书，让“常春藤传记馆”更好地满足广大读者，特别是中小学生课外阅读的需求，满足语文教学的需求。

2016年6月30日济南历下

（温儒敏，山东大学一级教授，北京大学中文系教授，教育部聘义务教育语文教科书总主编）

前 言

阅读他，你就不那么孤独

2016年2月12日，美国激光干涉引力波天文台（LIGO）宣布已经探测到了引力波，他们通过观测两个黑洞碰撞、融合的过程，聆听到了来自宇宙深处神秘天体葬礼上的挽歌。

爱因斯坦的预言再一次被证实了！

广义相对论的一个基本假设是，时空是有弹性的，即便其中没有物质，时空也可发生振动，从而产生引力波。引力波不仅记录下了当时发生了什么，也记录了它所经过的时空的信息。这是宇宙的呢喃细语，而在我们未能捕捉到它之前，爱因斯坦就预见了它的存在。

引力波的证实和探测对宇宙学和物理学都具有非凡的意义，它将人类对宇宙的认知带入了新的时代。从这里开始，“暗物质”的神秘面纱开始褪去，“时光机”正从科幻走进现实。

在爱因斯坦之前的经典物理学时期，牛顿的万有引力理论一统“物理学江湖”300余年。在牛顿的理论框架内，时空是客观的，具有质量的物体间的引力是立即发生的；而在由爱因斯坦领衔开创的现代物理学阶段，时空不再只是供物理事件上演的客观舞台，而是与物体相互作用的柔性连续体——物体告诉时空如何弯曲，时空告诉物体如何运动。

爱因斯坦以一己之力构建出宏伟瑰丽的广义相对论，窥探了造物主口袋里的秘密，颠覆了在他之前所有人对宇宙的认知。这简直就像魔法一样：一个精灵在我们耳边呢喃，告诉我们一个不为人知的真相，瞬间将一个更简洁、更深刻的秩序展现在我们面前。

在人类文明的长河中，我们的知识领域出现过很多次飞跃，但爱因斯坦完成的这次飞跃或许是无与伦比的。他为我们描绘了一个绚丽多彩而又令人惊奇的世界，在这个世界里有膨胀的宇宙，有坍塌成黑洞的空间，有随着速度而变化的时间……这些如梦境一般的阐释，却都是言之凿凿的事实。

即便广义相对论已经在很多领域被证实和应

用，但时至今日，我们仍然会感叹它的神奇和缜密，毕竟这种认知不是显而易见的，甚至有悖于普通人所秉持的“常理”。“宇宙中最不可理解的是，它竟然是可以理解的。”爱因斯坦如是说。而我们又何尝不感叹：宇宙的神奇之处还在于，它竟然孕育出了可以理解它自身的生灵。

组成人体的基本粒子和组成世间万物的别无二致，古往今来所有人的一切意识、感知都源自同样的机理。众生平等！而将一个人从众生中区别开来的，是这个人的形体和思想——这些基本粒子排列组合的形态，这个人头脑中巨量神经元间相互作用的方式。当下炙手可热的“弦理论”更是认为构成宇宙万物的最基本单元是同样的一维线形能量弦，而宇宙如此瑰丽，万物如此缤纷，只是因为这些弦振动的频率不同而已。

瞧，宇宙间最重要的从来不是“什么”，而是“如何”。宇宙如此，我们也如此，同宇宙相比，人类个体的生命历程太短，但我们的人生依然遵循某种“相对论”——我们的人生形态如何，取决于我们在时空中遭遇什么事件，以及我们对事件做出如何回应——也就是所谓的命运与选择。

今天在全世界，爱因斯坦这个名字就是天才的代名词。在人类认识宇宙的历程中，爱因斯坦的成就震古烁今。如果说整个物理学是一座大厦，爱因斯坦就是在大厦出现工程漏洞时大刀阔斧地进行了改建的那个人，他不但完美地整合了前人的基础，还树立了今天看来仍旧直耸云天的双子楼——相对论和量子论，为后来者指明了方向。

1955 年 4 月 18 日，76 岁的爱因斯坦由于血管瘤破裂，在美国普林斯顿去世。但他离我们并不遥远。相反，很少有像他那样热衷公众事务的理论物理学家，即便他那些看上去虚无缥缈的时空梦想，也直接影响着我们的生活。爱因斯坦生活的时代是科学快速刷新人类文明的时代，我们在“后爱因斯坦时代”依然与他产生某种关联。比如我们手里的手机，其处理器基本单元晶体管的运作原理来自量子力学；再比如我们车上的 GPS 导航，其时间误差的修正依据是相对论。

或许，无论对于和爱因斯坦同时代的人，还是对于今天的我们来说，爱因斯坦看上去都是一样的——那么远，又这么近。他一方面需要单枪匹马地进行开创性工作，沉醉于思想实验和数学运算，一方面又要与现实世界往来。

即便我们摘掉他科学成就的光环，爱因斯坦依然是个可亲、可敬而有趣的人，他和我们一样充满矛盾地生活过，爱恨过，煎熬过。他有过孤僻的少年，有过放肆叛逆的青春，也有过成年后在人世间摸爬滚打的艰难历程，以及孤独的晚年。爱因斯坦有过充满怨恨的婚姻生活，他对孩子缺少常人的教育和陪伴，终生对异性怀有世俗的滥情，在核武器的发明中扮演了一个尴尬的角色。爱因斯坦的这些人生选择是被人们指责最多的地方，或许也是他心中懊悔和痛苦之源。

他一生经历两次世界大战，曾面对多次社会变革和精神时疫，但他始终以一颗赤子之心呐喊、斗争，他毫不做作地诠释了悲悯与良心、独立与自由、理性与批判、进取与宽容。他因为简单而获得了更多自由，他超然地面对变故和生死，终其一生都不曾丧失童心和幽默感。他热爱和谐之美，直到去世之前，都在寻求一个能解释空间与时间的统一理论，试图从逻辑上解释至大无外、至小无内的宇宙的整体性。

对于爱因斯坦，或者其他任何一个名人，我们应该去理解，而不是膜拜。从某种意义上来说，美化是一种扼杀，会让一个形象渐渐面目全非。只有真实的，才可能成为持久的。在这本爱因斯坦的小传里，我们参照多方资料，将爱因斯坦在他生活历程中所做的每一次选择，尽量如实地讲述出来。

爱因斯坦说：“一个人是什么样的人，与别人以为他是什么样的人，这两者之间的差距太大了。”瞧，他很早就堵住了后人的嘴，免得我们对他妄加评论。如今的社会越来越宽容，和年轻人接触得越多，就越能感受到他们对许多在上一代人看来荒诞不经的举止行为的习以为常，他们喜欢说“我觉得没什么呀”。就像“Live”和“Let alive”一样，他们“Be different”或“Let different”，他们努力地与众不同，同时也允许别人与众不同，因而少了许多大惊小怪。事实上，每个人都会否认自己就是别人描述出来的那个人。不过，一切他人都可以是自我的镜子。我们阅读爱因斯坦的乐趣之一，是可以反观自我，并以之为参照，在复杂的世界和人生中做出自我抉择。

爱因斯坦是20世纪乃至整个人类史上伟大的人物——“伟大”这个词像许多其他词汇一样，

由于过度滥用而失去了原始含义，在这里，请尽量还原其本源意义——他在取得学术上划时代的巨大成就之外，还在其生活的特殊时代背景下彰显出卓越的人格魅力，他崇尚理性，对人类饱含良知和关爱，真、善、美在其身上得以完全体现。可以说，他极致地理性又淋漓地感性，窥探了宇宙又洞悉了人心。同时，他在学术上也曾不断犯错、陷入混沌，在生活中也曾尖酸刻薄甚至放荡。幸运的是，今天我们仍能了解到他足够多的生活细节，从中能看到他的非凡之处与苦乐酸甜，这些感性上有温度的触碰，能让我们从作为人的共同性角度出发，从某种程度上“理解”他，比对自我。

爱因斯坦曾说：“青年，你们是否知道，人类并不是从你们这一代才开始渴望过上充满自由的美好生活的？你们是否知道，你们的历代祖先都同你们一样，追求过美好的生活？——然而各种纷争仇恨使他们全遭失败？”

我们将这样一本书送给青少年读者，如果怀有同样渴望和彷徨的读者在阅读之后能获得一些勇气和慰藉，那么它的意义也就实现了。

目录

contents

第一章
童年痴迷与青春落寞

沉默童年

多瑙河是当今世界上干流流经国家最多的河流，它两岸的城堡和要塞自古以来就是伟大帝国之间的疆界，而其水道则是中欧和东南欧的商业动脉。在它上游流经德国南部巴登—符腾堡州的河畔，有座小城叫乌尔姆，小城南面是绵延的阿尔卑斯山脉，雪盖与森林交接，四周是平缓起伏的丘陵草甸，偶尔有城堡、湖泊点缀其间。巴伐利亚高原将其最好的自然景观尽情展现，天地有大美而不言。

这里是 1879 年的德意志帝国，8 年前普法战争的胜利使帝国得以统一，并从法国手里夺来阿尔萨斯省全部和洛林省一部分矿产资源，以及 50

亿法郎的战争赔款，现在，它正在“铁血首相”俾斯麦的治理下迅速强盛。乌尔姆由于地处水陆交通的枢纽，成为帝国南疆的一个要塞，外围建有多座碉堡，形成了一个军事和工业并重的小城。

对于德国和欧洲其他国家的民众来说，这真是一个美好的时代：他们生活在全世界的重心，欧洲殖民的触角遍及地球上每个有文明迹象的角落，他们的财富比以往任何时候都更容易累积，科技成果呈爆发式出现，并能迅速改善生活，新的能源促使工业高速发展，医疗、保险等公共体系日趋成熟，他们生活在后来被我们称作“第二次工业革命”的初期，没有大规模战争，人类看上去已经告别野蛮，安享理智的温和。

春暖花开的时节，小城乌尔姆的建筑工匠们正在修筑世界上最高的哥特式教堂——高达161.6米的乌尔姆敏斯特大教堂。这座教堂的第一块基石是在1377年埋下的，500余年时空流转，这场几经中断的漫长接力在这一代人手中临近终点——教堂将于1890年竣工。而此时，若天气晴好，疲于劳作的工匠们极目远眺，甚至可以望见阿尔卑斯山的皑皑雪盖和葱郁森林。工匠们都说，只要停下手里的工作，遥望一会儿阿尔卑斯山，就能化解他们因为各种原因产生的怒气。

3 月 15 日一早，伴随着大教堂施工的敲敲打打声、道路中央电车撞击铁轨声、人们的问好声，乌尔姆小城正在醒来，它浑浊而生机勃勃。在街角的一间警察局内，一束阳光透过窗户，正好斜照在凌乱的办公桌上，灰尘和烟雾在阳光中互相推搡，户籍员哈德曼叼着烟斗，一边含糊不清地小声絮叨，一边写下了这样一份出生证明：

出生证明

字第 224 号

乌尔姆，1879 年 3 月 15 日

商人赫尔曼·爱因斯坦，家住乌尔姆班霍夫大街 135 号，信仰犹太教，来向本户籍员陈述：其妻子，波林·爱因斯坦，本姓科赫，信仰犹太教，于 1879 年 3 月 14 日上午 11:30，在乌尔姆家中生下一男婴，取名艾尔伯特·爱因斯坦。所述属实。

签名：赫尔曼·爱因斯坦

登记员：哈德曼

待户籍员盖好了公章，赫尔曼接过后摘帽致

谢，便转身推门而去，他初为人父，连匆忙的步履都显得那么欢快。赫尔曼·爱因斯坦和他的妻子波林·科赫都是犹太人。这个智慧而苦难的民族此时在欧洲的每个国家都有分布，很长时间以来，犹太人一直恪守着自己的传统，他们像是寄住在这里的客人一样，小心翼翼地刻意保持着疏离。

但变化正在产生，第一次工业革命后，他们中很大一部分开始告别与世隔绝的传统犹太生活方式，尝试与社会融合。艾尔伯特·爱因斯坦出生时，赫尔曼正在乌尔姆勉强经营着一家制售羽绒床垫的小工厂。他的先辈伴随着大教堂的修建世代生活在这里，如今赶上这个充满机遇的年代，31 岁的赫尔曼决定去追寻他人生中的更多可能。1880 年，他采纳了弟弟雅各布·爱因斯坦的建议，卖掉了乌尔姆的工厂和祖宅，举家迁往 130 公里外的慕尼黑谋求发展。

也就是说，爱因斯坦刚刚 1 岁时，便离开了他的出生地，在他那颗非凡的大脑中，小城乌尔姆并未留下任何印记。多年后当他蜚声世界，乌尔姆人把他们的一条街道以爱因斯坦的名字命名，爱因斯坦得知后以他惯用的幽默回应说：

“听说有一条街用我的名字命名了，让我感到欣慰的是，我不必为发生在这条街上的任何事故负责。”

第二次世界大战中，乌尔姆遭到了严重破坏，爱因斯坦的出生地“班霍夫大街 135 号”被夷为平地。战后，人们在原地点修建了纪念雕塑。

19 世纪晚期的慕尼黑正开始快速向大工业城市发展，那些年，这个小城的居民平均每年增加 17000 人。赫尔曼和雅各布两兄弟在这里合伙开办了一家安装煤气和自来水管道的小企业，一开始便生意兴隆，他们乘势又开办了一家工厂，主要制造发电机、电弧灯及相关测量仪器，这都是当时的新兴产业。

赫尔曼·爱因斯坦是个温和乐天派，很讲究生活情趣，他经常当着家人的面大声吟诵诗歌，尤其是席勒和海涅的作品。赫尔曼的妻子波林是受过良好教育的犹太妇女，性格独立且个性鲜明。和丈夫一样，她对文学和音乐有着不错的品位，同时又能熟练地料理家庭事务。像所有犹太妇女一样，波林是个典型的贤妻良母。

赫尔曼夫妇把家安置在了森德林区的阿德莱特大街，这是慕尼黑郊区一处花园大宅。他们的新家房间很多，院子里长着很多树木，给孩子们玩耍提供了一个理想的乐园。1881 年 11 月 18 日，爱因斯坦的妹妹玛雅出生，赫尔曼夫妇儿女双全了。这是一个有着良好家庭氛围的中产阶级家庭，爱因斯坦和妹妹玛雅的童年时代大致可以用“稳定”“温馨”这样的词汇来形容。

爱因斯坦刚出生时头骨很大，家人一开始甚至怀疑他是个畸形儿，好在没多久这个小孩儿的脑袋就发育规整了，而且还渐渐成长为一个圆润饱满的漂亮孩子。但同其他的小孩儿比起来，爱因斯坦显得过于安静了。他好像不会跟大人撒娇，长到 3 岁多了还不会说话，不过他倒也不哭不闹，只喜欢用褐色的大眼睛注视他感兴趣的事物。赫尔曼夫妇尽管为此很焦急，但医生们也没什么办法，他们能做的好像只有等待，和尽可能地投其所好。

慕尼黑郊外风光古朴，赫尔曼常常带着全家去郊游，他知道爱因斯坦是喜欢郊游的，因为每到郊外，这个孩子的眼睛就睁得更大，脑袋扭得像个拨浪鼓一样，想把看到的一切都装进去。尽管他迟迟不肯开口说话，但赫尔曼知道，他的儿子对这个世界充满善意的好奇，并异常努力地想用自己的方式去理解它，回应它。

再长大一些后，赫尔曼发现他的儿子格外喜欢独处，喜欢没完没了地用纸牌盖房子，如果有人在这个时间打扰他，他会发很大的脾气。有几次，爱因斯坦竟因为生气而向比自己小 2 岁的妹妹扔东西。

关于爱因斯坦是何时开始讲话的，有两则趣闻。

一种说法是：在一次吃晚饭时，从未说过话的爱因斯坦突然不紧不慢地说："今天晚上的汤有点烫了。"波林惊讶地喜极而泣，说："你这个坏孩子，为什么一直不肯讲话？"爱因斯坦接着慢悠悠地说："因为之前汤的温度都刚刚好啊。"

另外一种说法是：自从妹妹出生后，爱因斯坦一直不懂妹妹为何物，终于有一天他指着爬来爬去的妹妹问妈妈："这是我的新玩具吗？它的轮子在哪儿？……"

这两种说法都颇具戏剧色彩，多半是后来人们的杜撰，因为人类在学习语言的时候还不具备情景记忆的能力，也不大可能未经咿呀学语就像顿悟了一样突然流利地讲话。不过目前可以得到证实的是：直到玛雅都已经喋喋不休后，爱因斯坦才开始试着说话。但他的表述总是让人替他着急，因为他刚开始说话，便试图说出完整的长句子。后来他养成了一个习惯，每当正式说一句话之前，总要先小声默念一遍，再大声讲出来，这种情况一直持续到他 9 岁左右。

大约在爱因斯坦 5 岁时，他的叔叔雅各布在一次出差的时候买了一个指南针，让赫尔曼转交给爱因斯坦。指南针能自动指向固定方向这件事令爱因斯坦十分痴迷，他对这种“看不见的力”感到新奇，一连几天都对指南针爱不释手，“一定有什么东西深深地隐藏在这后面”，爱因斯坦后来回忆说，自然界的神奇对他幼小的心灵产生了不同寻常的震撼。即便到了晚年，他仍对这个指南针记忆犹新。他的《自述》中对此有所描述。

1953 年，爱因斯坦在他 74 岁生日宴会上接受了一次书面采访，其中一个问题是：“据说您在 5 岁时由于一个指南针而受到决定性的影响，这个经历对您一生的成就真有那么重要吗?”爱因斯坦说：“我自己是这样认为的。我相信外界的影响对我的发展确实有重大作用。但是人们很少能洞察自己内心所发生的事情……事实上，决定一个人特殊反应的究竟是什么呢？在这个问题上，我们总能找到各种各样能说得通的理论，但是绝不会找到真正的答案。”

是啊，人类的思想是微妙而纷繁的，能用语言表达出来的仅是其中一部分，而生活又充满了偶然，如何理得清因果？爱因斯坦的指南针如同牛顿的苹果，或许只是一个更容易传播的寓言罢了。

犹太家庭都很重视对子女的教育，在爱因斯坦入学前，赫尔曼就请来一位女教师对他进行学前启蒙，但一直很安静的爱因斯坦对此反应激烈，他觉得自己丧失了自由，他拒绝听讲，掀翻桌子、椅子以示抗议。赫尔曼只好放弃。

在这段时期，爱因斯坦的叔叔雅各布主动承担起“家庭教师”的职责。雅各布是个工程师。在兄弟俩的工厂里，雅各布主要负责技术方面的事务，赫尔曼则负责商业应酬。雅各布非常喜爱他的侄儿爱因斯坦，一有空就带着爱因斯坦玩。他有意识地带小爱因斯坦玩各种各样的智力游戏，还经常出数学题让爱因斯坦来解答，在他有计划的循循善诱下，爱因斯坦对数学产生了浓厚的兴趣。

1885 年秋天，6 岁的爱因斯坦进入一所天主教小学接受系统的初级教育。德国的学校同欧洲其他国家一样，与宗教有着密切联系，学校大多从教会机构演化而来。尽管在16世纪资产阶级崛起后，他们主张的“宗教改革”对普及初等教育起到了推动作用，但社会的变革总是滞后的，直到普法战争后，德意志帝国才在全国范围内形成普通的国民教育体系。在这样的学校中，宗教对教育安排仍有控制权。就连在俾斯麦一手包办下编纂的《德意志帝国宪法》都规定：宗教教育为核心课程。

上学后，爱因斯坦发现自己是班里唯一的犹太裔孩子，因此总是被同学们孤立。“反犹主义在孩子中尤为强烈，辱骂取笑和暴力攻击在上学路上时有发生”，爱因斯坦在1920年回忆说。

一次工艺课上，老师从学生的作品中挑出一张做得很不像样的木凳对大家说：“我想，世界上也许不会有比这更糟糕的凳子了！”在哄堂大笑声中，爱因斯坦红着脸站起来说：“我想，这种凳子是有的！”说着，他从课桌里拿出两张更不像样的凳子，说：“这是我前两次做的，交给您的是第三次做的，虽然还是不好，却比这两张强得多！”

种族和信仰的不同让童年时的爱因斯坦产生了“深深的孤独感”。这个时期，他在学校是天主教徒，回家后则是犹太教徒。爱因斯坦的父母有着比较自由的宗教观念，并不严格恪守犹太教所规定的日常宗教仪式，但为了传承民族文化，他们曾请一位亲戚对儿子进行犹太教训导。这样一来，宗教就在爱因斯坦童年的精神世界里产生了深刻的影响。一方面，他为宗教矛盾给自己带来的不公感到不解。他想不通：为什么因为“是犹太人把耶稣钉在十字架上”，就要让所有的犹太人承担罪责？既然大家同是上帝的子民，为何要彼此仇恨？另一方面，他又对宗教的神秘力量感到敬畏——宏伟的教堂、精美的壁画、庄重的管风琴和赞美诗、人们脸上宁静虔诚的表情，都深深印在了爱因斯坦幼年的记忆里。不知是出于敬畏还是觉得好玩，幼年时期的爱因斯坦对宗教仪式表现得相当虔诚，他会一个人在上学路上哼唱自己改编的圣歌。

爱因斯坦的学习成绩十分优异。波林在 1886 年写给她母亲的一封信中提及：“艾尔伯特的成绩单发下来了，他又考了第一名。”

也是在这一年，爱因斯坦开始在母亲的指导

下学习小提琴，并且从此痴迷一生。巴赫、莫扎特以及贝多芬等人的古典音乐作品为爱因斯坦提供了受用终身的美感体验和心灵慰藉，并对他的人格形成起到了无形但深远的影响——在爱因斯坦的物理理论里，美是一个至关重要的考核标准，他描述的宇宙模型是灵动而优雅的，他总结的数学方程总要保持美学上的对称和极致简洁。后来他在文章《论科学》中说：“音乐和物理学领域中的研究工作在起源上是不同的，可是被共同的目标联系着，这就是对表达未知的诉求。它们的反应是不同的，可是互相补充着……这个世界可以由音乐的音符组成，也可以由数据的公式组成。我们试图创造合理的世界图像，使我们在那里就像在家里一样安宁自在，并且可以获得我们在日常生活中不能达到的安宁。”

总的来说，童年时的爱因斯坦是孤独并且安于孤独的。爱因斯坦曾回忆说：“我实在是一个‘孤独的旅客’，我未曾全心全意地属于我的国家、我的家庭、我的朋友，甚至我最亲近的人；在所有这些关系面前，我总是感觉到有一定距离并且需要保持孤独——而这种感受正与日俱增。”

1888 年 3 月，德意志帝国首任皇帝威廉一世去世，由他的儿子腓特烈三世继位。腓特烈三世3个月后去世，他的儿子继位，称威廉二世。年轻的皇帝为了加强集权，减轻国内资本分布不均的压力，鼓励民众去争夺更多的海外殖民地，同时在文化和教育上更加奉行军国主义。

1888年10月，爱因斯坦升入路易波尔德中学，这所学校里弥漫着的专制教育氛围让他产生了十分强烈的抵触心理。和他同龄的男孩子，由于从小受尚武的普鲁士文化熏陶，全都对军人有着理所当然的崇拜之情，每当街上有军队走过，他们会自发地在队尾模仿，在步调一致的行进中，他们获得了满足和快乐。

但爱因斯坦是个鲜有的异类，他称行军队列是“打仗的怪物”，每次遇到这种场面他都会躲得远远的。后来他这样解释他的反感：“如果一个人乐于像个木偶一样，在军乐曲中行进，这足以让我鄙视他——给他大脑简直就是一个错误。”

在新的学校里，爱因斯坦依旧与周遭格格不入，但此时他已经开始用自己的方式进行反抗。在他不喜欢的课上，老师批评他破坏秩序，爱因斯坦分辩说自己没做错什么，老师则愤愤地说：“没错，但你带着一脸轻蔑的微笑坐在那儿，就已经破坏了全班对我的尊敬。”

中学时期，爱因斯坦的学习成绩也出现了“偏科”，数学和拉丁文成绩总是最高或次高，但其他文科（如希腊语）的成绩则低于平均水平。这个时期，赫尔曼在给朋友的一封信中说：“艾尔伯特的功课成绩并不完全符合我的期待。很久以来，我已经看惯了他的成绩单上总是有不好和很好的成绩同时出现。”在课余生活方面，爱因斯坦最喜欢的是小提琴和字谜游戏。

生活在平淡中夹杂着偶然，就在爱因斯坦的心智逐渐成熟而又倍感孤独的时候，一个转机出现了。赫尔曼在每个周四晚上都会请在慕尼黑读书的犹太学生来家里吃饭，这是一种古老的犹太传统，算是对经济困难的同族的一种资助。在爱因斯坦 12 岁那年，一对来自立陶宛的犹太兄弟麦克斯·陶姆和伯纳德·陶姆走进了爱因斯坦一家的生活。这两兄弟都是学习医学的，都喜欢阅读，而且都兴趣广泛，充满着青春的活力。

两兄弟中的麦克斯对爱因斯坦的影响尤为深远，可以说是爱因斯坦自然科学之路上真正的启蒙老师。赫尔曼惊喜地发现，平时颇有些羞怯的爱因斯坦和这个大哥哥非常聊得来。那段时间里，麦克斯推荐爱因斯坦阅读了很多对其影响深远的书，包括伯恩斯坦的《自然科学通俗读本》、路德维希·毕希纳的《力与物质》，以及康德的《纯粹理性批判》，他们两个人还会花许多时间讨论自然科学和哲学问题。

在康德的《纯粹理性批判》结尾处有一篇宣言，其中的一句话后来常被爱因斯坦引用——只有两样东西让我的内心充满生生不息的新奇和敬畏：那就是头顶的星空和我们内心的道德律。

在麦克斯的引导下，爱因斯坦还学习了欧几里得的《几何原本》。爱因斯坦在晚年的《自述》中回忆这本"神圣的小书"时说："这本书里有许多断言。比如，三角形的三个高交于一点，它们本身虽然并不是显而易见的，但是可以很可靠地加以证明，以致任何怀疑都不可能。这种明晰性和可靠性给我留下了一种难以形容的印象。"

自然科学对客观事物的因果描述、康德的理性怀疑、几何学对空间形象思维的促成，在爱因斯坦日后的成就中都有迹可循。在麦克斯的指引下，爱因斯坦的思维体系有了完整的结构，并且最终放弃了自己的宗教信仰。67 岁时，他写道："由于读了通俗的科学书籍，我很快就相信，《圣经》里的故事有许多不可能是真的……这引起我对所有权威的怀疑，对任何社会环境里都会存在的信念完全抱一种怀疑的态度。这种态度从此再也没有离开过我。”

关于爱因斯坦的信仰，他曾多次阐明自己持有的宗教观来源于斯宾诺莎。斯宾诺莎是 17 世纪荷兰的犹太裔哲学家，他因宣扬泛神论而被驱逐，躲进乡野之中靠打磨光学镜片为生，视清淡、贫苦为自由与快乐之源。他认为上帝就是自然本身，不存在一个超脱自然秩序之外的操纵者，他只赞美秩序与和谐的美，相信其中存在的逻辑简单性。这样的宗教观在他那个时代无疑是狂狷的。但这种宗教观对爱因斯坦的生活哲学和科学诉求都产生了极其深远的影响。用爱因斯坦不同时期的三句话来解释就是：第一，一个人除了提琴、床、桌子和椅子之外，还需要什么！第二，我不相信上帝有知晓我们全部心灵体验的意愿，我也不相信人的灵魂在肉体消逝后还能存在并进入轮回。第三，世界是统一的，世界是合乎理性的，世界服从于存在的统一规律。

此时的爱因斯坦已经能独立证明毕达哥拉斯定理。学习了《几何原本》之后，爱因斯坦又开始自学微积分，到 16 岁时基本完成。爱因斯坦对某一课题坚持不懈的狂热钻研能力让很多人钦佩，他可以就一个问题思考几个月、几年。麦克斯·陶姆后来回忆说："这个时期，唯一让他分心的是音乐，他已经能够在母亲的伴奏下演奏莫扎特和贝多芬的小夜曲。""在这段日子里，我从来没有看见他阅读轻松的文学读物，也没有见过他和同学来往。"

往来一人

在迅速变迁的时代，机遇与风险同样多。赫尔曼兄弟的工厂在慕尼黑的商战中遭遇了诸多坎坷，经营状况从 1890 年起每况愈下，当时技术更新的速度很快，市场竞争激烈，拖垮了他们这样规模的小工厂。另外，在当时暗流涌动的商战中，德裔资本家普遍存在的反犹情绪更让赫尔曼兄弟举步维艰。赫尔曼想尽一切办法维持经营，甚至以房产为抵押从银行贷款，遗憾的是终究未能让工厂起死回生。1894 年初，他们被德国通用电气公司彻底排挤出局。爱因斯坦一家破产了。

少年爱因斯坦亲眼看到家中的财物被搬走，连院子中的树木都被砍伐了。随后，赫尔曼在意大利的一个代理商劝他把工厂搬去那里，他们的技术和设备在意大利仍有用武之地。于是，赫尔曼决定将全家迁往意大利帕维亚，而雅各布则在另一家电气公司找了一份新工作。

在意大利，赫尔曼靠着从亲戚手中借来的一笔启动资金，开始了新的创业。他自费为当地的两个城镇安装照明系统，然后向城镇政府收取照明费，同时也向私人客户出售额外电力，这需要很多的前期资本注入，爱因斯坦一家的家庭开支也因此越来越精打细算。

15 岁的爱因斯坦一个人留在慕尼黑继续读书，寄宿在一个老太太家里。失去温馨的家庭生活，对一个十几岁的少年来说是艰辛的。全社会都存在反犹情绪，这让敏感的少年更觉孤独，他想念家人，厌恶学校。此外，更让爱因斯坦头疼的是，按照当时德意志帝国的法律，男子在 17 岁之后必须服兵役，这对爱因斯坦来说是绝不能接受的。他下定决心，要在自己 17 岁之前离开德国。困境中，少年开始执掌自己的命运之舵。

1894 年 4 月，爱因斯坦决定从学校退学。为了能让校方同意自己的申请，他使尽一切办法，终于从一位医生那儿搞到了一份“神经紧张不安，需要父母陪同休养”的诊断证明；同时，爱因斯坦还留了个心眼儿，为了自己以后还能去别的学校读书，他又从一位比较欣赏他的数学老师那儿拿到了一份具备大学数学能力的证明。爱因斯坦拿着这两份证明去找校长申请退学了。而此时由于爱因斯坦在学校中的消极表现，校方也早有劝退之意。

中学时由于爱因斯坦的“偏科”，在不同的老师眼里，爱因斯坦给他们留下了截然不同的印象。比如有喜爱他的数学老师，也有讨厌他的希腊语老师。赫尔曼曾经向爱因斯坦的希腊语老师询问孩子的学习情况，希腊语老师回答说：“没什么可说的——你儿子必将一事无成。”

其实在当时，纵然军国主义氛围充满了整个德意志帝国，但慕尼黑所在的南部同北部普鲁士原住地相比要自由得多。即便如此，爱因斯坦也觉得难以忍受。由此可见，少年爱因斯坦已经个性张扬，敢于向生活说“不”，这种忠于内心的坦诚在他的人生中一直保留着，他日后在物理学探索中单枪匹马、往来一人的求索，或是在大是大非面前秉持良知、仗义执言的果敢，在少年时代便可见端倪。塑造一种品质和摧毁一种品质的外在环境本无差异，全在自我的抉择。

退学之后，爱因斯坦欢欣雀跃地翻越阿尔卑斯山，去意大利与家人会合。从始至终，爱因斯坦在退学这件事情上都没有征询过父母的意见。

赫尔曼得知爱因斯坦私自退学后十分生气，无奈木已成舟，而且在与儿子的交流中，赫尔曼发现站在自己眼前的这个英俊少年早已不是那个需要他抱在怀里去认知世界的孩子了。爱因斯坦长大了。

但爱因斯坦对自己的前途也不甚明了。这段时间内，他去日内瓦做了一次短期旅行，然后又返回到意大利自学物理学。这几年有一个念头始终困扰着爱因斯坦——如果一个人以光速跟着光跑会怎样呢？他会看到静止的光吗？爱因斯坦后来回忆说，这些“非常幼稚的思想实验”对狭义相对论的产生有直接的影响。

从孩提时代的独处开始，爱因斯坦便培养了一种独自进行思想实验的能力，后来在他漫长的物理学生涯中，这种在头脑中进行的特定物理条件下的视觉化实验硕果累累，“爱因斯坦列车”“爱因斯坦电梯”“爱因斯坦光盒”等经典的思想实验令人拍案叫绝。他在静思中明察秋毫，从细微处发现真理的能力让世人见识了思维的美丽。

这段时期，爱因斯坦还完成了自己生平的第一篇论文，题为“关于磁场的以太状态研究”。“以太”最初是个宇宙哲学名词，是指充盈于地月之上的宇宙空间的上层大气，它永葆清新，供众神呼吸，而在地月之间的是腐朽的污浊之气。后来笛卡尔将其引入科学，认为它是天体间传导力的媒介，从而引发了物理学界与以太纠结两百多年的历史。牛顿发现万有引力后，证明了使苹果落地和维系天体旋转的是同一种力，以太被冷落了。但是到光的波动学说以及后来的电磁场理论建立起来之后，人们又想起了以太，认为正是以太充当了这两种波的介质。

1881—1884 年，阿尔伯特·迈克尔孙和爱德华·莫雷利用地球和以太的相对速度进行了著名的迈克尔孙-莫雷实验，证明不同方向上的光速没有差异，也就否定了以太的存在。但是很多著名的物理学家仍然在寻找理论支撑，以证明它的确存在。

爱因斯坦这篇论文就是探讨以太在磁场中的形变，从而影响场内电磁波传播速度的问题。这是他的第一次学术成果，而此后 10 年他便就这个问题苦苦追问。也正是从这里出发，他确立了光速不变原理，抓住了牛顿超距作用的漏洞，从而最终指向狭义相对论的建立，亲手将以太打入地狱。

不过有趣的是，这篇论文完成之后，爱因斯坦把它寄给了远在比利时的舅舅。或许这是爱因斯坦在向家人证明，自己并未虚度年华，同时也是在向父母含蓄地表达歉意吧。

此后不久，他跟家人表明，要去报考瑞士苏黎世联邦工学院。赫尔曼支持了这个想法，他认为，爱因斯坦去攻读工科院校，从学校毕业后成为一名电气工程师，在某种程度上也算是子承父业了。

苏黎世联邦理工学院是当时欧洲著名的工程技术学院。1895 年 10 月，爱因斯坦来到瑞士参加苏黎世联邦理工学院的入学考试，此时他比规定的入学年龄小两岁，他的数学和自然科学成绩非常优秀，但文科不及格。

他的考试成绩给该校的物理教授韦伯留下了深刻印象，他允许爱因斯坦来自己的课堂旁听。但校长赫尔佐格认为爱因斯坦还未准备好开始大学生涯，建议他留在瑞士再读一年中学。于是，爱因斯坦来到了距苏黎世 37 公里的小城阿劳，开始了他人生中短暂且最美好的校园生活。

当时的小城阿劳共有 7000 多户居民，大多从事烟草、种植和纺织，通用德语。阿劳中学是苏黎世联邦工学院的预备学校，拿到毕业文凭就可直接进入工学院读书。

这段时间，爱因斯坦就寄住在阿劳中学校长温特勒家中，温特勒一家待爱因斯坦如亲人般真诚、温暖。除了多了几个聊得来的同龄人之外，更让爱因斯坦感到心情舒畅的是，温特勒校长在政治、宗教等方面的看法十分符合自己的观点，爱因斯坦与温特勒夫人也相处得十分融洽。爱因斯坦发自内心地愿意称呼这对夫妇为“温特勒爸爸”“温特勒妈妈”。此后的岁月，他与温特勒一家保持着终生的友谊。温特勒的一个儿子后来成为爱因斯坦的妹妹玛雅的丈夫，一个女儿嫁给了爱因斯坦的好友贝索。

在教学管理上，阿劳中学受瑞士教育家裴斯泰洛奇的影响，强调自主学习、自我负责，尊重学生的个性差异，侧重引导而不是灌输。和德国的教育相比，这巨大的反差让爱因斯坦获得了前所未有的快乐。瑞士的教学氛围对于爱因斯坦来说，就像宿醉的人从充斥着烟酒味的酒馆出来后，呼吸到的第一缕清凉空气。

爱因斯坦去世前回忆起阿劳中学时仍说：“这所学校用它的自由精神和那些毫不仰赖外界权威的教师的淳朴热情，培养了我的独立精神和创造精神。正是阿劳中学成为孕育相对论的土壤，给我烙上终身不可磨灭的印记。”“比起德国专制主义中学的6年教育，这里让我清楚明白，以自由行为和个人责任为基础的教育，远远高过依赖外在权威的教育。”

爱因斯坦更加坚定了早已有的放弃德国国籍的打算。1896年1月28日，爱因斯坦交纳3马克，从出生地乌尔姆市得到了一张证明，正式放弃德国国籍，同时也成了一个没有宗教从属的人。这年秋天，爱因斯坦以第一名的成绩通过了阿劳中学的毕业考试，得到了毕业证书。

美好的事情往往结伴而来，在这短暂的一年里，爱因斯坦还收获了自己的初恋。此时的爱因斯坦青春无敌，早已经褪去羞涩，黑色短发略微卷曲，衣着打扮潇洒随意，身上有一种青春的懒散和洒脱，音乐和阅读更让他的眉宇间平添了一丝书卷气。

温特勒的三个未婚女儿中，玛丽·温特勒是最出色的一个，她比爱因斯坦大一岁，温柔俊俏，刚刚开始在一所小学担任教师，平时最喜欢弹钢琴。情窦初开的年纪里，两个人朝夕相处，又彼此欣赏，爱情自然悄然而至，没多久这二人就出双入对了。

美丽的小城给这对初恋的年轻人提供了足够多的场所来谈情说爱，河边、草地，每一处都像是为他们特意布置的场景，清澈的心灵让爱情没来由地甜蜜。1896 年春天，爱因斯坦放假回到帕维亚与家人一块过复活节时，还在信中向玛丽说："爱情给人的欢乐远多于两地相思的痛苦。"甚至连爱因斯坦的母亲都对这桩亲事赞赏有加，在另一封信中，爱因斯坦写道："亲爱的宝贝，非常感谢你邮来的令人心醉的信，它使我无比幸福，能把这么一张小纸按在心坎上，真是妙不可言……我的妈妈还没见过你，就已经喜欢上你了。我给她看了你的那两封信……"

但是热恋之后，敏感的玛丽渐渐发现，爱因斯坦好像越来越冷漠，两人共处的时候，爱因斯坦经常会陷入长久的沉思。当爱因斯坦化身追光少年，在他的假想世界中飞驰的时候，身边这个少女的心中，同样翻江倒海，忐忑不安。

像许多初恋一样，这份令爱因斯坦和温特勒两家都很满意的爱情仅持续了一年便因爱因斯坦升入大学而落幕了。

1896 年，爱因斯坦以综合成绩全班第二名顺利通过了他在阿劳中学的毕业考试。秋天，17 岁的爱因斯坦来到苏黎世，开始了他的大学生活。初恋变得遥远起来，一幅新的生活画卷正在他的面前徐徐展开。

离开阿劳后，爱因斯坦还特意写信给“温特勒妈妈”，就他和玛丽的恋情做了委婉的解释。不过此后，爱因斯坦和玛丽依然保持着书信联络，甚至当他在大学中跟米列娃确定恋爱关系之后，还会把脏衣服寄给玛丽，玛丽每次都会洗干净再寄回去。多年之后，玛丽回忆起这段恋情时，将其描述为“理想的爱情”。1911 年，玛丽·温特勒嫁给了一个工厂经理，1938 年离婚，1958 年在一家精神病院去世。

青春落寞

“我若有幸考取，就会到苏黎世瑞士联邦工学院去读书了。我会在那里学习和生活 4 年，学习数学和物理，我想自己可能会成为教师，我更喜欢自然科学的理论部分……人们总是喜欢去做自己有能力去做的事情。何况，科研类职业还能让我保持一定自由，那正是我极喜爱的。”

这是爱因斯坦在阿劳中学时针对类似于“我的未来”这样一个题目用法语写的命题作文。曾经沧海难为水，阿劳中学给他留下了那么美好的感受，相比之下大学并未像他所期许的那样令人满意。

1896 年 10 月，爱因斯坦进入苏黎世联邦理工学院读书，他所在的“六 A 部”是专门为中学培养数学和物理老师的师范专业，老师中有俄裔德国数学家赫尔曼·闵可夫斯基、数学家阿道夫·胡尔维茨、物理学家威廉·爱德华·韦伯等，同班的其他四个同学分别是：马尔塞耳·格罗斯曼、路易·科尔罗斯、雅科布·埃拉特和米列娃·玛利奇。

在数学和物理这两门功课中，爱因斯坦更喜欢物理，因为他发现数学分支太多，每个分支都可能让人耗尽一生。物理老师威廉·爱德华·韦伯在当时的物理学界享有盛誉，在电磁学上颇有建树，爱因斯坦对他的物理课满怀热情。但是一段时间之后，爱因斯坦发现韦伯在课堂上只讲一些相对传统的物理理论，而对时下前沿的理论只字不提。爱因斯坦发现无论自己如何努力，也不能适应这种刻板的教学，于是他不再规规矩矩地去听课，而是擅自剔除掉了许多课程，把时间花在了实验室里。爱因斯坦把大部分学习时间用来自学麦克斯韦、波尔茨曼、赫兹等人的电磁理论，对哲学和达尔文的生物进化论也有所涉猎。

苏黎世联邦理工学院在学生 4 年的学习生涯中只安排两次考试，即便如此，大学时期的考试也让爱因斯坦如临大敌。因为平时很少去上课，所以爱因斯坦在考试之前都要借同学的课堂笔记来突击复习，在这件事情上，同学格罗斯曼可帮了大忙。格罗斯曼主修数学，并且将数学的严谨延伸至整个生活，他作息守时，衣装讲究得体，课堂笔记也条理清晰。爱因斯坦后来回忆说：“如果没有这些课堂笔记，我都不敢想象自己该如何应付那些课程。”格罗斯曼的一本几何笔记现在还保存在工学院的图书馆里，工整得像印刷品。

大学时代是多彩的，也给爱因斯坦留下了许多美好的回忆。大学时，爱因斯坦在学校附近租了房子，房东是一个喜欢唱歌的洗衣妇，时不时就让爱因斯坦演奏一段小提琴。同学中格罗斯曼和埃拉特的家都在当地，爱因斯坦常去蹭饭。有一次他感冒了，把房东宽宽大大的白桌布围在了脖子上，跑去埃拉特家，埃拉特的妈妈后来每提及此事都忍俊不禁。平日里，爱因斯坦和几个同窗好友常去学校附近一家名为“都会”的小酒馆消遣，听音乐、聊天，也会演奏小提琴……

在这样美好的岁月里，爱因斯坦和同学米列娃相爱了。

米列娃出身于塞尔维亚（当时是奥匈帝国中匈牙利的一部分，后来划分给南斯拉夫）一个富裕的乡村法官家庭，由于先天疾病导致的跛脚并未掩盖她的端庄。她比爱因斯坦大 4 岁，自幼年起便在数学、自然科学以及音乐等方面显露出卓越的天赋。她的学习成绩稳居榜首，16 岁时已通晓 3 门语言，因而史无前例地被特许进入奥匈帝国王室开办的男子中学学习。

米列娃中学毕业后，开明的父母决定继续送她深造。由于当时多数大学在学生性别上有着严格的限制，只有瑞士是比较宽松的，米列娃几经辗转，于 1896 年入读苏黎世联邦理工学院的物理与数学师范专业，成为该校有史以来招收的第五名、该专业招收的第一名女生，从而与爱因斯坦的生命发生了交集。

当时的大学里女生比较罕见，再加上米列娃在智力上的强势、生理上的残缺等因素，许多男生对她有种微妙的敬而远之，在人际交往上胸无城府的爱因斯坦却能跟她无所顾忌地交流，他们在学术追求和艺术品位上有着相同的志趣，相识相知后，从大学三年级开始确定了恋爱关系。

两人在恋爱期间写下了大量情书。爱因斯坦对米列娃的称呼从最初的“亲爱的小姐”变成“亲爱的小多莉”，他自己则被米列娃称为“小约翰斯”，这两个称呼是当时比较流行的情侣间亲昵的叫法。他们的信中充满了各种有趣的文字游戏，尤其是爱因斯坦，他甚至在情话中穿插着物理学。1899 年 8 月 10 日，爱因斯坦在给米列娃的信中写道：“你这个精力充沛的女孩，在你娇小的身体中竟然具有那么强大的生命力。我把赫姆霍兹的书还了，现在正重读赫兹的电力传播理论。如果现在你能陪我待一会儿，该多好啊……”1901 年 12 月 8 日：“当你成为我亲爱的妻子的时候，我们会终生充满热情地从事科学工作，而且至死也不沦为庸人。对吗?! ……我要你永远做我迷人的女妖和自由的精灵……”

美好的时光过得飞快，大学四年转瞬即逝。五名同班同学中，只有米列娃没有拿到毕业证，爱因斯坦算是有惊无险，但是老师们没人愿意给他推荐工作。其余三名同学都顺利留校担任助教。爱因斯坦也提出了留校申请，但被韦伯拒之门外，韦伯对他经常缺课深为不满，大学二年级时，爱因斯坦在实验室里发生过一次实验事故，韦伯甚至曾劝他调换专业。

毕业后爱因斯坦返回意大利，和家人一起度过毕业后的第一个暑假。母亲波林已得知爱因斯坦和米列娃的恋情，她和赫尔曼都坚决反对他们结婚。在他们的观念里，一个塞尔维亚族的姑娘，并且生理上还不健全，是无论如何也不能成为他们的儿媳妇的。母亲波林更是通过各种方式向爱因斯坦施压。爱因斯坦这样向米列娃描述当时的情形：“妈妈一头扑倒在床上，把枕头捂在头上，像小孩子那样号啕大哭。”

1901 年是爱因斯坦一生中最落魄彷徨的一年。大学时他每个月有 100 法郎的生活费，每月他要省下 20 法郎作为申请瑞士国籍的相关费用，其余 80 法郎用于学习生活，按当时的消费标准足以保证他生活舒适。但学生时代一去不返，家境更是大不如前，那个意气风发的年轻人终于体验到了现实和无奈。生活在这一年里没有给他指出一个明确的方向。春天，爱因斯坦试着向瑞士、德国和波兰的物理学家申请助教的职位，但都石沉大海。

“我已长大成人，可是仍然无所作为，一点忙也帮不上，这真使人肝肠寸断。我只能加重家庭的负担。确实，如果当初根本没有生我，情况可能会好一些。唯一使我坚持下来的，唯一使我免于绝望的，就是我自始至终一直在自己力所能及的范围内竭尽全力，从没有荒废任何时间，日复一日，年复一年，除了读书之乐外，我从不允许自己把一分一秒浪费在娱乐消遣上。”这是爱因斯坦在这段落魄的日子里写给妹妹玛雅的信。在最无助的时候，他曾想放弃科学志向，改行去卖保险。

5 月 19 日，他终于找到了一个临时教师的职位，他在给温特勒的信中欢喜地说：“我每天上午教完五六堂课之后还是精神奕奕，下午在图书馆或家中继续我自己的学习和思考。我已经放弃在大学里找工作的企图，因为我意识到在现在的情况下，可以保持我对科学研究的精力和渴望。”

临时教师的工作2个月就结束了，爱因斯坦失业了。9月，他又找到一份临时工作，夏夫豪森的一所私立中学给了他期限为一年的教师职位。当生活的压力有所缓和，理想就会渐渐抬头，爱因斯坦要继续攻读博士学位。12月，爱因斯坦在一篇文章中写道：“从1901年9月15日开始，我在夏夫豪森的一所中学任教。在学校工作的头两个月里，我完成了关于气体动力学理论的博士论文。一个月前，我向苏黎世大学提交了这篇博士论文。”

当时苏黎世联邦理工学院还不收博士生，苏黎世大学就成了爱因斯坦申请博士学位的首选院校，结果他的论文未被接受。在爱因斯坦举步维艰的1901年，有两件事为他的生活增添了一抹亮色：1901年2月21日，爱因斯坦终于拿到了梦寐以求的瑞士国籍。他有生之年都保留着瑞士国籍，他称瑞士为“我所知道的地球上最美丽的角落”。在拿到新国籍3周后，爱因斯坦被告知要服兵役，这正是他在德国竭力逃避的。庆幸的是，爱因斯坦的入伍体检不合格，体检报告注明的是：扁平足、脚汗过多以及轻微静脉曲张，他被要求每年交纳兵役税代替服役。另一件事是：他在 1900 年底投递给《物理学年鉴》的一篇论文在 1901 年第四期上发表了！这本创办于 1790 年的德文刊物是当时世界上历史最久，也最具权威性的物理学刊物，当时德国顶级物理学家麦克斯·普朗克任主编，爱因斯坦早期的学术成果都发表在这本刊物上。这篇论文是讨论分子间相互作用力的，题为“由毛细血管现象所得到的推论”，后来爱因斯坦说自己这篇论文“毫无价值”，但在当时，它却给了彷徨中的爱因斯坦坚持走物理学术研究道路的希望。

米列娃在苏黎世准备毕业补考时发现自己怀孕了，她回到塞尔维亚老家待产。以当时的伦理标准衡量，未婚先孕是有伤风化的，连她开明的父母也难以接受，而来自爱因斯坦家庭的阻挠也让他们的婚期尚不明了。米列娃在这段时间给一位朋友的信中写道：“（爱因斯坦的妈妈）看来是拼了命也要把我和她儿子的生活推入痛苦的深渊……我简直无法相信世上竟然有如此绝情的、不可救药的、刻薄的人存在!”1902 年 1 月底，爱因斯坦和米列娃的第一个孩子在匈牙利米列娃的父母家诞生，取名莉莎。米列娃在生产时出现了严重的并发症，而丈夫不在身边。

事后米列娃给爱因斯坦写信通报喜讯，爱因斯坦回信安慰她，他在信纸上写下了一长串问题："她健康吗？很爱哭吗？""她的眼睛长什么样？""她跟我们俩谁长得更像？""我每天都在想着你们。"……此时的爱因斯坦拮据得要命，甚至拿不出钱买车票去看望她们。也有人认为爱因斯坦此时未出现在妻子身边是由于他懦弱，不敢面对米列娃的父母，不敢承担未婚先孕的责任，他在道德压力下选择了逃避。

米列娃在不久后的补考中再次失败，这也宣告了她的学术生涯的终结。她心灰意懒地回到塞尔维亚老家，爱因斯坦经常写信给她，一起计划着孩子的未来。然而不幸的是，莉莎在 1 岁多的时候死于猩红热，在当时的欧洲，这种疾病每年都会导致许多人丧命。爱因斯坦和他的女儿从未见过面。米列娃在这段时间所经历的磨难在她的心中留下了难以抚平的伤疤。

在爱因斯坦最窘迫的时候，他的同学格罗斯曼向他伸出了援助之手。格罗斯曼通过其父亲把爱因斯坦推荐到瑞士伯尔尼国家专利局。爱因斯坦急于获得这份公务员的稳定职位，便立刻辞去夏夫豪森的教师工作，于 1902 年 2 月来到伯尔尼等待录用。在正式上岗之前，他还要找几份零工来糊口，于是 1902 年 2 月 5 日的《伯尔尼城市报》刊登了这样一份求职广告：

> **艾尔伯特·爱因斯坦，愿以个人名义为大学生或高中生彻底讲解数学和物理学。本人持有苏黎世联邦工学院的教师从业资格证书，住在正义街 32 号 1 楼。试听免费。**

这是爱因斯坦的名字第一次出现在公共媒体上，这则广告为他招来了几个学生，让他得以勉强维持生计。令爱因斯坦感到欣喜的是，广告竟然还引来了两个好友，这两个人是康拉德·哈比希特和马莱斯·索洛文，他们俩本就是好友，对物理和哲学有着浓厚的兴趣，看见广告上有人大言不惭地说能“彻底”讲解相关知识便慕名而来，结果与爱因斯坦一见如故。三个人在此后的几年中建立了深厚的友谊。他们成立了一个学习小组，取名为“奥林匹亚科学院”，爱因斯坦被任命为“院长”。三个人一块儿吃吃喝喝穷开心，抽烟、拉琴、散步，有时会突发奇想地在夜里相约去爬山，然后在清冷的早晨等待日出。他们也相互敦促着读书，讨论哲学、物理、文学，话题包括斯宾诺莎、休莫、马赫、潘加略、索福克里斯、拉辛、塞万提斯，有时三个人会为了一句话争论几天不休。哈比希特于1904年离开伯尔尼，到爱因斯坦工作过的夏夫豪森担任中学教师。次年，索洛文也迁居巴黎，后来成为将爱因斯坦的著作翻译成法文的权威。他们的“学院”正式存在虽然只有短短数年，但这段青葱岁月在他们的记忆中都占有无可替代的地位。

1902年6月16日，爱因斯坦被任命为瑞士联邦专利局试用三等技术专员，年薪3500法郎，他的生活从此安定下来。几个月后的1902年10月10日，赫尔曼·爱因斯坦去世，安葬在意大利米兰。临终前，赫尔曼同意了爱因斯坦和米列娃的婚事。这个事业坎坷但乐观向上的男人在他生命的最后时刻把所有人赶出房间，一个人静静离开了人世。父亲赫尔曼对爱因斯坦的性格形成有着深远的影响，而今面对父亲的逝去，爱因斯坦恐怕也只有一头扎进他那满纸的方程式中，才能找到一丝解脱。

母亲波林也终于同意了他们的婚事。1903年1月6日，爱因斯坦和米列娃结婚，婚礼异常简单，“奥林匹亚科学院”的两名成员索洛文和哈比希特是见证人。这年秋天，米列娃再度怀孕，爱因斯坦非常高兴。他们租下了伯尔尼克拉姆胡同 49 号的一处普通二居，米列娃渐渐从低迷的情绪中调整过来，安心相夫教子，在爱因斯坦的学术上也帮了不少忙。1904 年 5 月 14 日，他们的儿子汉斯·艾尔伯特出生。

爱因斯坦大学时代的好友贝索，在爱因斯坦的推荐下也进入伯尔尼专利局工作，两人成为同事。贝索是一名工程师，他和哈比希特、索洛文一起成为爱因斯坦的伙伴。贝索在爱因斯坦创立狭义相对论的过程中起到了很大作用。爱因斯坦 1922 年在日本京都大学的演讲中说：“光速的不变性和我们所熟知的力学中速度的相加规则是矛盾的。想要解决这个矛盾，带给了我无穷的困扰。我荒废了近一年的时间思考，希望也许可以稍微修正洛伦兹的理论，但是毫无结果，我感觉到这是一个完全无法解开的谜。十分意外地，我在伯尔尼的一个朋友帮了我的忙。那天我去拜访他，和他不断的讨论突然使我豁然开朗。第二天，我再去找他，招呼都没有打就说‘谢谢你，我把问题完全解决了’。我的解答，其实是针对时间观念的：时间的定义不是绝对的，而是，时间和信号速度之间有着不可分离的联系。有了这个观念，前面的矛盾就可以完全解决了。在我认识到这个观念的 5 个星期之后，狭义相对论的理论全部完成。”

这个爱因斯坦口中的朋友就是贝索。爱因斯坦对狭义相对论的构想长达 10 年，而关键问题的解决只是在论文发表前的几个星期，可见贝索和爱因斯坦这次讨论的重要性。因此，爱因斯坦把贝索作为 1905 年那篇狭义相对论文章中唯一的致谢对象。

后来贝索成了相对论在“欧洲最好的宣传者”。在爱因斯坦的介绍下，贝索与爱因斯坦初恋女友玛丽的妹妹安娜·温特勒结婚。安娜与米列娃也成为十分要好的朋友。

1904 年 9 月，爱因斯坦在伯尔尼专利局的试用期完满到期，他获得在专利局的长期职位，并且从三级技术员升为二级技术员，年薪达到了 4500 法郎。升职的原因是爱因斯坦此前经过修改的论文终于得到了苏黎世大学的认可，从而获得了博士学位。总之，爱因斯坦终于摆脱了经济上的窘迫境地，开始进入到他一生中家庭形式最完整、他自己最具创造力的一段岁月。

在工作方面，爱因斯坦每天需要从众多的申请文件中看到核心科技原理，从而找到真正有价值的专利申请，这对爱因斯坦的思维是一个不错的训练。这份工作也给了他大量的业余时间——一天的工作他往往几个小时就做完了，这让他有足够的时间进行他的思想实验。这些努力为他随后的“奇迹之年”理顺了道路。坐在伯尔尼专利局的座椅上，爱因斯坦窥见了宇宙的奥秘。

1902—1904 年，爱因斯坦的几篇关于物理统计和热力学的论文先后发表在了《物理学年鉴》上。

奇迹之年

1905 年是爱因斯坦“破茧成蝶”的一年，他的学术爆发来得如此迅猛、绚丽和不可思议，以至于后来对其进行评价的时候，除了“奇迹”，人们找不到更合适的词汇来形容——

3 月，爱因斯坦完成光电效应论文，这篇论文后来给他带来了诺贝尔物理奖；

4 月，他完成了博士论文，用新理论测量分子半径，他把这篇论文献给好友格罗斯曼；

此后仅仅 11 天，作为博士论文的后续成果，爱因斯坦关于布朗运动的论文完成，这是对原子学说最后的“盖棺封钉”，打消了一切关于原子存在的质疑；

6 月，爱因斯坦关于移动物体的电动力学论文出世，这篇后来被叫作狭义相对论的论文改变了人类认识宇宙的方式，提出了全新的时空观；

最后一篇关于质能转化的论文则推导出了著名的方程式：$E=mc^2$。

5 篇论文均发表在德国的《物理学年鉴》上，它们在总结前代经典物理理论的基础上，建立起了现代物理学的两大基石——相对论与量子力学，指明了此后物理学发展的方向。

这 5 篇论文重新定义了物理学发展的进程。为了让大家简单了解一下爱因斯坦这些研究成果的意义，我们有必要来简述一下物理学发展的大致历程。

人类对世界的好奇与生俱来，当第一次仰望天空，当第一次触碰火焰，古人都在好奇：它们是由什么构成的？高高在上的星空流转和我们触手可及的物体运动中存在着哪些奥秘？在探索的过程中，古希腊三杰成为其中的优秀代表，苏格拉底振聋发聩的追问、柏拉图对世界和自我有体系的认知以及亚里士多德透过现象力图对事物本质进行的理性总结，这些成就催生了自然哲学，而欧几里得、阿基米德的几何阐述又使自然哲学逐渐严谨。而后经历了无数先贤的格物致知，走过漫长黑暗的中世纪，伽利略的出现正式标志着物理学的诞生。

伽利略之后出现了第一位集大成者——艾沙克·牛顿。牛顿在伽利略等人的基础上，对万有引力和三大运动定律进行了描述，让人们认识到使苹果落地和保持天空中行星运转的是同一个力，这些描述奠定了此后 3 个世纪里物理世界的科学观点，并成为现代工程学的基础。牛顿还总结发展了变量数学微积分，通过论证开普勒行星运动定律与他的引力理论间的一致性，展示了地面物体与天体的运动都遵循着相同的自然定律，并预言了海王星的发现，消除了人们对于日心说的最后一丝疑虑。

牛顿之后，麦克斯韦在库仑、奥斯特、法拉第等人的基础上，统一电学、磁学和光学为电磁学；热力学方面，通过迈尔、焦耳、赫姆霍兹、卡诺、克劳修斯、能斯特等卓越科学家的不懈努力，总结出热力学的三大基本定律。但科学家不满足于单纯地在宏观层次上来描述，也试图从分子和原子的微观层次上来阐明物理规律。于是，气体分子动理论应运而生，用以阐述气体物态方程、气体导热性与黏滞性等物性参量的微观基础。而再进一步的，就是玻尔兹曼与吉布斯所发展的经典统计力学。热力学与统计物理的发展，加强了物理学与化学的联系，建立了物理化学这门交叉学科。

上述物理学成果构成了经典物理学。经典物理学如此完整，以至于到 20 世纪初，人们普遍相信物理学的构建工作已经完成，以后的工作只需在前人的基础上修修补补即可。但英国著名物理学家开尔文在 1900 年所做的演说中，极其富有洞察力地指出："在物理学晴朗的天空中，还飘浮着两朵令人不安的乌云。"这两朵乌云指的是以太相对运动的无法察觉和气体多原子分子的低温比热不符合能量均分定理。这两朵乌云直指 20 世纪物理学的两大革命——相对论和量子论的诞生。这两个问题在爱因斯坦 1905 年的两篇论文中都得到了解决。

量子力学：

由于牛顿在物理学中神一般的地位，所以他

主张的光的微粒一直占主导地位。一直到托马斯·杨完成了他缜密的双缝干涉实验，人们才开始接受光的波动性学说，波动性又逐渐占据上风。然而，在研究光的辐射现象时，德国物理学家麦克斯·普朗克于 1900 年灵感突现，他假设在一个特定大小的盒子里装满一定温度和波长的辐射，那么这个盒子能容纳的能量有多少？基于这样的思考，普朗克得出后来被称为“普朗克辐射定律”的物质和辐射共同平衡方程，他成功地用一个统一的定律完满地解决了所有波长辐射的能量和温度之间的关系。爱因斯坦 1905 年的光电效应论文表明，普朗克辐射定律的证明实际上存在瑕疵。爱因斯坦在文中用了与普朗克不一样的方法，消除了普朗克辐射定律的瑕疵，证明普朗克辐射定律依然成立。爱因斯坦这篇光电效应论文圆满地解释了困扰科学家 20 多年的光电效应现象，并为一个全新的物理学领域，为量子理论奠定了基础。

相对论：

爱因斯坦在狭义相对论的论文中阐明，若光速是不变的常数的假设成立的话，将发生什么情况。空间和时间不再截然分开，而是结合成一体，即所谓的“时空”。在宇宙中，距离和时间通过永远恒定的光速联系在一起。运动参照系中的时钟比静止参照系中的时钟走得慢，这就是所谓的时间膨胀。

长度收缩和时间膨胀现象均已被当代科技水平下高精度的实验所证实。实验室里放射性粒子经过一段时间将衰变湮灭，其“半衰期”和作为“母体”的放射性粒子是可以被测定的，而“子粒子”（即原始粒子衰变的产物）的数量也是可以计数的。如果相对于实验室，粒子随着光束一起运动，时间膨胀也将发生在追随光速的粒子上。这就意味着该粒子能够走得更远，比处于静止参照系中的我们活得还长。这便是证明奇异的时间膨胀和长度收缩的实验所展示给我们的图景。

充满奇迹的1905年之后，爱因斯坦在科学界开始崭露头角，但是由于他的理论太过新奇和具有颠覆性，很多人仍然表示质疑，然而这并不影响他结识更多的欧洲科学界的朋友。

荷兰物理学家、经典电子论的创立者亨德里克·安东·洛伦兹和德国物理学家、量子力学的重要创始人麦克斯·普朗克先后注意到了爱因斯坦并开始与之通信，这两位都是当时最负盛名的科学家。普朗克还是爱因斯坦发表了多篇论文的《物理学年鉴》的主编。

爱因斯坦对他们也尤为敬重，后来他在给朋友的信中写道："洛伦兹是位神奇的智者，他行事机智得体，简直是个活着的艺术品!"在给洛伦兹的信中，爱因斯坦则写道："跟您交流时所感到在才智方面的自愧不如并不能破坏我们之间快乐的交谈，特别是由于您对所有人一视同仁的父亲般的慈爱，使人勇气倍增。"洛伦兹在欧洲学术界德高望重，他在爱因斯坦提出相对论之前就曾预言运动物体的长度相对于静止状态的观察者可能会收缩，爱因斯坦在其相对论中则给出了发生这种现象的合乎逻辑的解释。而普朗克这个人在某种意义上来说，更是爱因斯坦的伯乐。

爱因斯坦于 1908 年年初获得了伯尔尼大学的讲师资格，授课从 4 月持续到 7 月。学期结束后，爱因斯坦带着一家人去伯尔尼的山上度假。

当物理学在爱因斯坦的事业和幸福的天平上的分量变得越来越重的时候，妻子米列娃完全承担起了相夫教子的职责。这时的爱因斯坦还有较多的家庭生活时间，他特别喜欢逗年幼的儿子汉斯玩。当丈夫忙于物理学研究时，为了转移逐渐增加的孤独感，米列娃不时会带着儿子到塞尔维亚与父母一起待一段时间。在分别的日子里，他们俩互通大量的充满爱意的家书，爱因斯坦在信中总会告诉米列娃他最近在科学方面取得的最新进展，米列娃则讲述她自己与家人一起度过的时光。

爱因斯坦提出狭义相对论之后，他大学时期的数学老师闵可夫斯基于 1907 年将爱因斯坦与洛伦兹的理论结果重新表述成“3＋1 维时空”，其中光速在各个惯性参考系皆为定值，这样的时空即以其名字命名，称为“闵可夫斯基时空”。爱因斯坦一开始并不认为这样的表述有何重要性，但当他 1907 年之后转往广义相对论时，才发现闵可夫斯基时空是其所要发展的理论架构的基础，转而对这样的表述给予了很高的评价。

1907 年 6 月，爱因斯坦申请伯尔尼大学的博士后学位，遭到拒绝，因为在他的申请材料中缺少一篇尚未发表过的论文，校方要以此来考核申请人是否有能力进行创新性研究。爱因斯坦本来十分抗拒这些繁文缛节，但为了能进入主流学术界，1908 年 1 月，他还是把一篇没有发表过的论文提交给了伯尔尼大学，获得了一份低薪的兼职讲师工作，在夏季学期讲授热分子物理课程，并继续在专利局上班。米列娃和爱因斯坦都为这份讲师工作感到高兴，虽然他们对薪资水平不满意，但想成为未来的教授，做讲师是必需的过程。学期结束后，爱因斯坦夫妇便带着汉斯去阿尔卑斯山度假。

这一年的冬季学期，爱因斯坦讲授的是辐射理论课程。在爱因斯坦的课上，听课的人向来很少，来的人也大多是慕名而来，看看他的样子就走掉了。他的课堂上人最少的时候只有一个人，校方领导有一次看见爱因斯坦叼着烟斗，和一名学生面对面骑坐在第一排桌子上，讨论得不亦乐乎。

此类事情成为人们打趣爱因斯坦的例子，但对此爱因斯坦不以为意，他直言不讳地坦白自己更适合向别人解释自己的理论，而不善于根据课堂需求准备相应的议题、备课材料。

这段时间的爱因斯坦是忙碌而愉悦的。从1907 年秋天开始，爱因斯坦意识到狭义相对论的局限性，它只适用于对匀速运动的描述，而匀速之外的情形又如何呢？

爱因斯坦毕生追求的是用简洁精准的理论来描述所有运动，他试图把相对论扩展到匀加速的参照系中，以完成引力问题的相对论描述。爱因斯坦坐在专利局的办公室里，望着对面的楼顶冥想，这时一个生动的场景突然在他脑中闪现：如果一个人站在电梯里，从对面楼顶自由下落，那么他不会感觉到自身的重力，他周围所有的事物都同时做着相同的自由落体运动，引力在此刻失去了参照点，那么就是说，引力也是相对的。也就是从这个时候开始，爱因斯坦尝试着用相对论解释水星近日点轨道的异动，这两个问题直接导致广义相对论的诞生，爱因斯坦也称这段时期的思想实验是他“一生当中最快乐的思想”。

专利局的工作让爱因斯坦得到了另外一种训练。这段时期，爱因斯坦也做了一些物理学之外的“副业”。1908 年，他花了很多时间与保罗·哈比希特和康拉德·哈比希特兄弟共同设计制造了一款“小机器”，用于测量极其微量的能量，爱因斯坦还专门发表了一篇文章介绍它的工作原理。不久后，这台机器被证明确实有用，因为它能测定辐射强度，并能通过测定质量与能量的等量关系来证明相对论的正确性，后来还申请到了专利。

第二章
辗转爱恨与动荡生活

学术生涯

1909 年 2 月，爱因斯坦在苏黎世的物理学会上做了一次精彩的演讲。这篇演讲成功地打动了苏黎世大学的教授们，通过投票，他们同意了爱因斯坦此前提出的申请，聘任他为理论物理学的副教授。这是爱因斯坦的第一份全职教授工作，薪资和专利局持平，于是他辞去了伯尔尼大学临时讲师和从事了 7 年的伯尔尼联邦专利局的工作，正式开始了他的职业和学术稳定进行的生涯。

1909 年 10 月，爱因斯坦全家搬到苏黎世。就在爱因斯坦辞去专利局工作的两天后，日内瓦大学授予他荣誉博士头衔，并邀请他作为嘉宾参加日内瓦大学建校 350 周年庆典。一同被授予荣誉头衔的还有玛丽·居里等著名物理学家，这是爱因斯坦第一次和居里夫人见面，他们后来成了要好的朋友，居里夫人此后极力推荐爱因斯坦为诺贝尔物理学奖候选人。

关于这次授衔仪式，还有个小插曲：当爱因斯坦从一堆书信中看到日内瓦大学的邀请信，读到里面的内容时，他还以为是朋友开的玩笑，随手就扔到了垃圾筐里。日内瓦大学久久不见回音，只好几经周折直接联系上了他，爱因斯坦这才恍然大悟，但时间已经不允许他临时置办一身像样的礼服了，结果他成了唯一一位身穿休闲夏装、戴着草帽参加授衔仪式的贵宾。

事实上，此类事件以前就发生过。当他 1905 年发表了电磁感应论文时，麦克斯·普朗克的来信也曾被他当成废纸扔掉，因为他当时不相信大名鼎鼎的普朗克会给自己写信，幸好米列娃看到信封上清楚地写着发件地址是柏林。

刚到苏黎世大学时，爱因斯坦过分懒散的装扮令许多学生对他有所质疑，因为这个教授看起来好像有点不着调。但是听过几次他的课后，学生们立刻被他的教学风格所吸引。爱因斯坦全部的备课资料只是一张名片大小的便签上的几条题目，课堂教学全部源自他正在研究的学术课题和相关储备，学生可以在任意时刻打断他，遇到深入的讨论时，爱因斯坦甚至会拉起学生的手娓娓道来，他认为一种亲密的沟通方式会让师生间的交流更顺畅。

米列娃对爱因斯坦和他的新工作感到颇为自豪，但另一方面，她对丈夫地位的变化又怀有复杂的情感。她知道自己的丈夫再不能像在伯尔尼大学时那样每天固定地上下班，他越来越忙，身体和心思都在日渐远离自己。米列娃在一封给朋友的信中写道："现在，他将可以全心投入心爱的科学事业了，他心中只有他的科学。"

1909 年秋天，米列娃犹豫再三才最终跟随爱因斯坦来到苏黎世。从恋爱到如今，伯尔尼的几年平静生活给了她从未有过的安全感，而她已经预见到，搬去苏黎世意味着丈夫的事业稳步上升，同时意味着他陪家人的时间会越来越少，会有各种各样的学术和社交活动等着爱因斯坦。她写信给朋友抱怨说："我只祈求日渐增长的社会声望不会对他心中所爱有任何影响。"

果然，对于爱因斯坦越来越多地出没在各类社交场合，米列娃感到迷茫、困惑、怨恨，感到自己正在被爱因斯坦忽视，女人的天性和对丈夫的爱让她变得越来越神经质。她有时甚至会反应过于激烈，当爱因斯坦10年前的女朋友玛丽·温特勒写信祝贺他被任命为苏黎世大学教授时，米列娃火冒三丈，以至于忍不住写信给玛丽的丈夫质问玛丽写这封信的动机。这类事让爱因斯坦颇为尴尬。

就在这年夏天快结束的时候，爱因斯坦在奥地利萨尔兹堡做演讲之前，米列娃说服丈夫一起到阿尔卑斯山度假，这次短途旅行让紧张的夫妻感情有所缓和。虽然家庭生活存在一些小麻烦，但爱因斯坦把更多的精力放在发表论文和做演讲上，此时他将注意力逐渐转向辐射理论。

因为建立狭义相对论的巨大贡献，爱因斯坦获得1910年的诺贝尔物理学奖提名。从理论成就的角度来讲，后人公认1905年的5篇论文中，除去博士论文的1篇，其余4篇每篇都堪当诺贝尔物理学奖。但是有很多原因在爱因斯坦和诺贝尔物理学奖之间形成了障碍：首先，物理学需要通过实验证明来确认理论的价值，而爱因斯坦的理论太超前，在当时的技术条件下无法验证，甚至很多物理学家都表示自己搞不懂爱因斯坦的理论到底是物理学还是哲学；其次，在19世纪与20世纪之交，物理学突飞猛进，此前称雄物理学界近300年的经典理论深入人心，对爱因斯坦那些具有颠覆性的理论持怀疑态度的大有人在；另外，爱因斯坦的犹太裔背景以及他不谙世事的为人处世的态度都或多或少对他得奖造成了不利影响。但是在爱因斯坦之后，因为发展他的理论而获得诺贝尔物理学奖的人在整个20世纪不胜枚举。

1910年，布拉格的春天到来了。捷克著名的查尔斯大学表示愿意为爱因斯坦提供理论物理学教授的席位，这是一个高规格的职位，每所欧洲大学物理学院都只设这唯一的教授席位。但是，这个职位要求当事人必须忍耐奥匈帝国教育部冗长的批准过程，因为布拉格当时隶属于奥匈帝国。爱因斯坦对此职位心有所向，但他担心奥匈帝国比欧洲其他地方有过之而无不及的反犹倾向给这件事情造成额外阻碍。

爱因斯坦在和同事的谈话中透露了如果布拉格的任命被通过，他会辞职离开苏黎世大学的想法，结果竟然引起了校方的震动。他与众不同的教学风格在苏黎世大学得到了很多学生的认可，学生们联名向校方请愿施压，要求提升爱因斯坦的职位以挽留他继续留在学校，校方领导在巨大的压力面前不但同意任命爱因斯坦为正职教授，还决定为他每年增加 1000 瑞士法郎的薪水。

但爱因斯坦去意已决，他急于通过进入布拉格查尔斯大学进一步提升自己的地位和名望，扩大自己在物理学界的影响。事实上，后世多认为爱因斯坦去布拉格任教并不是一个明智之举，这对他的学术和声望并没有什么助益，反而加速了他的婚姻生活的破裂。

“要对爱因斯坦的理论做出中肯评价的话，那么可以把他比作 20 世纪的哥白尼，这也正是我所期望的评价。”这是麦克斯·普朗克给爱因斯坦写的推荐信的一段话。爱因斯坦提前到达维也纳，等候奥匈帝国教育部的审批结果，正好能够趁此机会与定居在此的厄内斯特·麦奇见面，这位哲学家对爱因斯坦在伯尔尼时的科学探索具有重要影响。爱因斯坦是在好友贝索的推荐下领略了麦奇对自然哲学的见解的。

等待的过程实在漫长，1910 年末，爱因斯坦返回苏黎世，继续等待来自查尔斯大学教授职位的任命消息。在此期间，他发表了一篇最难以被人理解的论文，其中部分内容解释为什么天空是蔚蓝的。

在家庭生活方面，1909 年 3 月，爱因斯坦的妹妹玛雅与保罗·温特勒结婚；这年夏天，米列娃的父母从塞尔维亚来到苏黎世探望他们；7 月底，爱因斯坦的第二个儿子爱德华出生。这些事在很大程度上缓和了爱因斯坦夫妇日渐尴尬的婚姻生活。

1911 年 1 月初，奥匈帝国约瑟夫皇帝终于亲自批准了对爱因斯坦在布拉格查尔斯大学做理论物理学教授的任命，当年 4 月开始生效。而且，爱因斯坦还获得意外的褒奖，即聘任他为大学理论物理研究所的主任，具体负责当年机械学和热力学课程的教学工作以及主持学校的物理学讲座。皇帝还为他提供了一份颇有吸引力的薪水——大约是在苏黎世大学时的两倍。1 月底，爱因斯坦向苏黎世大学校方提交了辞呈。3 月底，经过中途在慕尼黑的短暂停留后，爱因斯坦正式把家安顿在了东欧的布拉格。

布拉格是个拥有迷人建筑的古城，古老房舍和宏伟宗教建筑各得其所，德国和捷克两种文化在城中相互交织、渗透，占总人口百分之十的德国人是这里的上层阶级，相应地，犹太人的地位比较低。但爱因斯坦的到来受到了热烈欢迎，当地甚至为此举办了盛大的庆祝会，承诺给他提供一流的生活条件。然而相对于物质生活条件来说，爱因斯坦显然更在乎的是人文环境，他在给好友米歇尔·贝索的信中说，这里的德国居民“待人冷漠，是势利与奴态的结合体，毫无仁慈友爱之心”。

由于薪水大增，爱因斯坦和米列娃可以过上比在伯尔尼和苏黎世更加宽裕的生活。他们有了一个宽敞的公寓，但爱因斯坦本人的需要还是一支笔、一张纸、一个烟斗，加上一把小提琴，仅此而已。

在学校里，爱因斯坦随和幽默的气质赢得了一些好感，也招来了一些非议，一些作风老派的教授认为爱因斯坦的言行有损师道尊严。

拥有了舒适的物质生活，但米列娃并不快乐。她从小就很敏感，生活和情感的折磨让她越发神经质，如今在和布拉格那些自负的邻居们的交往中，她也时刻感到压抑。她不大与外界交往，只是专心抚育汉斯和小爱德华，试图从中获得些许安慰，但是随着爱因斯坦越来越忙，频繁出现在各类社交场合，一些关于他的风言风语也传到了米列娃的耳朵里，米列娃的情绪变得越来越低沉、消极。即使爱因斯坦在家的时候，气氛也不见好转，夫妻间的冷漠与日俱增。

这时，爱因斯坦由于多年不规律的饮食习惯而患上了严重的胃病。胃病在此后的日子里一直困扰着他，但他还是带病坚持完成他的教学任务。

闲暇时他频繁光顾布拉格城里的一些时尚沙龙。一个名叫“范特斯”的酒吧是爱因斯坦常去的地方，一些犹太年轻人和其他社会名流常常在这里聚会，他们每星期碰一次面，一起聊哲学、音乐和文学。这样的情景让爱因斯坦想起在伯尔尼时与朋友们共度的快乐时光。值得一提的是，在这段时间里，著名现代主义作家弗朗兹·卡夫卡（代表作品《变形记》）也是这个酒吧的常客，只不过他当时还只是一位无名而忧郁的律师。

爱因斯坦在布拉格安然度日的时候，他的声望从未停止传播。很多学校和机构慕名而至，希望能邀请到爱因斯坦加入他们的工作。

枯燥乏味的生活让米列娃日渐焦躁，布拉格的生活对她来说丝毫不值得留恋，她不时地跟爱因斯坦提出离开这个地方。

1911 年 11 月初，爱因斯坦从布拉格前往布鲁塞尔出席首届索尔维大会。索尔维大会是由富可敌国的比利时化学家、制碱大王欧内斯特·索尔维和其他捐助人发起的，从第一届起就成为当时欧洲科学界的一个盛典，几乎所有的欧洲顶尖物理学家都会参加。索尔维给 20 多位欧洲科学家提供来回的车票、几十间头等客房和两个超大会议厅，每人还有 1000 法郎礼金。

爱因斯坦以奥匈帝国皇家教授的身份受到邀请，并在会上做了一次演讲。爱因斯坦是最年轻的与会者，但他与同行们相处融洽，大展其亲和、优雅和幽默的一面。他在这个大会上再次遇见居里夫人，此时她已两度获得诺贝尔物理学奖，她的丈夫皮埃尔·居里在不久前的一次车祸中丧生。由于欧内斯特·索尔维的热诚和巨大感召力，德国的能斯特和维恩，法国的居里夫人、朗之万和彭加勒，英国的卢瑟福和金斯，荷兰的洛伦兹和新西兰的厄内斯特等世界一流的物理学家都出席了会议。

有趣的是，一同来参会的厄内斯特 10 年前拒绝过爱因斯坦想给他当助教的申请，当他们这次遇到时，他自嘲地对爱因斯坦说："现在应该由我来给你当助教了。你10年前写来的那张求职的明信片我还保留着，将来把它送到博物馆去，让后人看看我这个老头子当年有多么糊涂！”

这次大会的目的在于邀集物理学界精英一起讨论“辐射和量子理论”的研究进展。第一个演讲的是洛伦兹，他用经典物理的方法讨论辐射问题，用德语、法语和英语三种语言流利地阐述自己的见解。最后一个报告人是爱因斯坦，他总结了量子论的各种应用。第一届索尔维会议从经典理论开始，以量子论告终，后来人们回想起来，觉得格外具有象征意义。

举办者索尔维宣布以后每两年召开一次会议，使之成为欧洲科学界一个定期的科学峰会。这一例会直到今天仍是世界顶尖物理学家和化学家的重要交流平台。

1911年，爱因斯坦在《物理学年鉴》上发表了题为“关于引力对光线传播的影响”的论文，预言了由星体发出的光束在太阳附近掠过时会弯曲，这是一个预言，也是对爱因斯坦理论的一次验证。它的发表相当于向天文学界发出倡议：去观测日全食吧！

随着其理论的推广，很多著名大学甚至远在

大西洋对岸的哥伦比亚大学都纷纷向爱因斯坦招手，此时在爱因斯坦的母校苏黎世联邦理工学院的好友格罗斯曼也升任了数学系主任，他代表母校向爱因斯坦发出邀请，想让他回去主持数学物理课程。一边是母校、挚友伸来的橄榄枝，一边是生活不甚愉快的布拉格，所以，这并不是一个艰难的选择——爱因斯坦夫妇决定回到瑞士去。

1912 年 1 月末，爱因斯坦担任母校苏黎世联邦理工学院理论物理学教授的任命被批准了。一家人高兴地期盼着这年 7 月能够离开布拉格搬回苏黎世老家去。

在全家人翘首以待的这段时间，爱因斯坦决定只身前往柏林探望定居在那里的叔叔一家，这次拜访他见到了离婚后回到父母家生活的表姐艾尔莎。他们两家是双重亲戚关系，爱因斯坦的母亲和艾尔莎的母亲是姐妹，而两人的父亲又是堂兄弟，艾尔莎比爱因斯坦年长几岁，少年时经常一起玩耍，但她出嫁后两人已多年未曾联系。这次见面时，艾尔莎已离婚，两个女儿——13 岁的伊尔莎和 11 岁的玛格特——跟随她生活。艾尔莎拥有一双美丽的蓝眼睛，妩媚而又开朗，爱因斯坦被这个活力洋溢的表姐深深吸引了，从此开始与她有了秘密的书信往来。

回到母校工作后，爱因斯坦的工资与在布拉格时差不多，所以生活依然富足而舒适，他们搬到一所明亮宽敞的公寓里，家里的现代设施应有尽有，而且离苏黎世联邦工学院很近。

爱因斯坦对再次回到苏黎世的老朋友们中间感到十分满意。重回故地，米列娃的情绪也稳定了下来，然而她再也找不回大学时代的那个自己了，一方面腿疾引起的疼痛越来越重，另一方面，由于巴尔干国际局势紧张，战争将要爆发的传言甚嚣尘上，她对父母和老家朋友们的安危十分担忧。

在这样的时刻，爱因斯坦不但没能给予妻子适当的温情和关爱，反而越来越疏远她，常常一个人躲到朋友那儿散心。米列娃在给朋友的信中写道："我自己都觉得有些丢脸，我和孩子们对于他来说显得不那么重要，只是处于他的物理学之后的第二位而已。"

1912 年初，爱因斯坦认识了荷兰物理学家保罗·艾伦法斯特，后来他成为爱因斯坦最亲密的朋友之一。爱因斯坦后来回忆道："在一起相处了几个小时后我们就成了好朋友，我们俩意气相投，惺惺相惜，我们真挚的友谊一直持续到他离开人世。”自那时起，他们开始了终生的书信往来，讨论物理学、音乐、犹太复国主义和他们各自的家庭。

后来爱因斯坦在德国时还收到艾伦法斯特送的一把小提琴和一台钢琴。不幸的是，1934 年，艾伦法斯特患上精神疾病，持枪杀死了正在医院接受唐氏综合征治疗的16 岁的儿子，然后自杀身亡。爱因斯坦对艾伦法斯特如此凄惨的结局感到十分悲痛，写了一篇声情并茂的祷文来呼吁对科学工作者的心理给予关注。

1913 年，爱因斯坦感到从日常生活到内心感受都格外折磨人。米列娃疾病缠身，腿疾使她行动困难，常常卧床不起，更不能管理家庭事务，对孩子也疏于照顾。为了逃避米列娃的坏情绪和唠叨，爱因斯坦比以往更多地藏匿到工作中去。但他并不能因此逃避内心的纠结，他知道自己对家人和妻子应负的责任，他写信给艾尔莎表达了自己的矛盾，并与艾尔莎断绝了 9 个月的通信，直到生日收到艾尔莎的贺卡，两人的婚外情又死灰复燃。

婚姻已在破裂的边缘，爱因斯坦似乎在做最

后的努力。他趁着到巴黎做相对论演讲的机会带着妻子去居里夫人家走访，并在同年夏季接待了居里夫人和她女儿的回访，为此爱因斯坦带着 9 岁的汉斯陪同居里夫人和她女儿到瑞士游玩，那是一次穿越南部山谷的徒步行走，米列娃因病未能同去。9 月，爱因斯坦陪同米列娃带着孩子们去塞尔维亚的外公外婆家。米列娃坚持让汉斯和爱德华在母亲家附近的一所东正教教堂举行受洗仪式，爱因斯坦因为对有组织的宗教毫无兴趣，所以拒绝参加两个儿子的洗礼。

爱恨德国

当爱因斯坦辗转欧洲回到瑞士，获得了梦寐以求的学术地位，并且在苏黎世的工作和生活逐渐稳定之后，麦克斯·普朗克找上门来了。普朗克出身于普鲁士贵族，不但在科学上取得了非凡成就，在社会活动方面同样具有卓越才能，他作风严谨，举止优雅，在德国科学界、政界和军界都广受尊重，对爱因斯坦也多有提携。

普朗克这次来找爱因斯坦是因为他正遵照德国国王威廉二世的命令，招募全世界最优秀的科学家组建一个新的科研机构。普朗克向国王推荐了这个被他称为“自己的发现”的爱因斯坦，此时的爱因斯坦尽管名气如日中天，但他的很多理论尚未被验证，而他们认为，如果能把爱因斯坦招来，对物理学界将具有极强的号召力。

1913年7月11日，麦克斯·普朗克和瓦尔特·能斯特两位超重量级物理学家到苏黎世来请爱因斯坦，他们开出了非常优厚的条件：爱因斯坦担任柏林大学教授、普鲁士科学院院士以及正在筹备的威廉皇帝物理研究所负责人，虽然有教授之名，但他可以自己安排科研内容，甚至可以不用去讲课，还能得到他需要的资金、设备……

尽管条件如此优越，但是爱因斯坦并没有立刻答应他们。重返德国，爱因斯坦面临着很多心理和现实的困扰，他需要给自己一个下午的时间来好好考虑。

于是，他让普朗克和能斯特二人利用下午的时间先去爬爬山，并说：“你们回来的时候，我去火车站接你们，我会带上一束花。如果花是红的，就代表我答应你们；如果花是白的，就表示拒绝。”

是的，这对爱因斯坦来说确实是一个艰难的决定：随着国际形势日益紧张，德国的军国主义氛围越来越浓，这个国家拥有一致的、富有攻击性的意识形态，在工业和军事上力量充沛，可是欲望却远没有被满足，它极可能成为战争的策源地，而这正是多年前爱因斯坦拼命逃离德国的原因。苏黎世有安定的社会环境，有格罗斯曼等一群好友，在他们的帮助下广义相对论正取得很大的进展，米列娃也坚决反对去德国；从另一方面看，爱因斯坦最喜欢的是做他个人的理论研究，而不是教学工作，柏林提供的优厚待遇对任何一个科学工作者都具有巨大吸引力，另外，那里还有表姐艾尔莎。一边是生活，一边是科学；一边是破碎的爱情，一边是记忆中可爱的表姐。他需要一个下午的时间来仔细衡量自己的未来，他需要散步，无论最终的结果如何，他的生活必将随之产生深远的变化，对于这些变化爱因斯坦不可能完全知晓，但他心里一定有一丝若隐若现的预感。

当普朗克他们回来的时候，他们看到了爱因斯坦和他手里的花，是红的！

爱因斯坦踏上了前往柏林的旅途，回到了他童年生活过后来又逃离的德国，米列娃则带着孩子们留在了苏黎世。

爱因斯坦到达柏林仅4个月后，第一次世界大战就爆发了，这是他始料未及的。

时间回溯到爱因斯坦出生的年代，那时的德国刚刚赢得普法战争的胜利，从法国手中获得了洛林和阿尔萨斯两个区以及大量战争赔款，这极大地促进了德国工业的发展和迅速崛起，但两国之间也结下了深深的仇恨，成为欧洲时局的一大隐患。另外，在爱因斯坦辗转起伏的这些年，欧洲各国在世界各地争夺殖民地的斗争也越来越白热化，英国等老牌工业国家被新兴的德国抢占了大量市场，两国之间的贸易斗争到20世纪初已经达到十分尖锐的程度。由于工业革命的推动，各强国之间经济上的利益斗争越来越激烈，而统治阶级为了自保，采用的是丛林生存哲学，他们发动民族与民族之间的战争，而背后真实的动机是保护自己的利益。

1914年6月28日上午9时，奥匈帝国皇太子斐迪南大公夫妇在参观一次军事演习回来的路上，被塞尔维亚一个秘密组织成员——17岁的普林西普射杀，从而成为各国间爆发战争的完美借口。德意志帝国被强烈的爱国主义精神鼓动起来了，出征的军人迈着整齐的步伐，怀着视死如归的激情走向战场与死亡。围观的人群欢呼着把一束束鲜花投向战士，少女们眼含热泪吻别出征的战士。这种具有煽动性的民族主义热潮不仅让普通德国人失去了理智，同时也影响了许多治学严谨的德国学者，柏林的教授们纷纷加入了战争宣传的大合唱，德意志帝国成了一部巨大的战争机器。

能斯特当上了国防部顾问。爱因斯坦的好朋友哈伯也穿上了少校军服，这位德国籍犹太人发明了人工合成氨的方法，解决了生产炸药的大问题，现在又研究起糜烂性毒气和窒息性毒气，几十年后，他的犹太同胞成批死在他的研究成果之下……

德国知识界名流中有 93 人共同签署了《告文明世界书》，为战争寻求正义的托词，包括普朗克在内的众多普鲁士科学院院士，但爱因斯坦拒绝了，他还公然声明自己是和平主义者，反对一切战争。1914 年 10 月中旬，包括爱因斯坦在内的 4 人签署了《告欧洲人书》，公开与 93 人签名的《告文明世界书》针锋相对。这个宣言虽然不是爱因斯坦写的，但同他一生的政治思想完全一致，这也是爱因斯坦签署的第一篇政治宣言。

在战争的旋涡中，爱因斯坦是极少数的反战分子，他无视德国好战分子对他施加的种种精神压力，反而为反战大声疾呼：“战争破坏了知识分子从事创造性工作所不可缺少的一切条件。如果他正好年轻力壮，他的能力就会被束缚在破坏性的战争机器上，而年纪大的人也会陷进仇恨和失望的气氛之中。凡是珍惜文化价值的人，就不会不成为和平主义者。”同时他也在寻找相同的声音。

1915 年秋，爱因斯坦想看望米列娃和孩子们，便从柏林来到瑞士，他在苏黎世的朋友赞格尔陪同他拜访了当时住在瑞士的罗曼·罗兰。这次会晤使爱因斯坦了解到在所有的交战国中都有反战团体，同罗兰的谈话不仅使爱因斯坦受到极大鼓舞，而且他觉得自己不再是一个孤立无援的呐喊者了。

同样，爱因斯坦也给罗曼·罗兰留下了深刻的印象。罗曼·罗兰在他的日记中有这样一段关于爱因斯坦的描述：“午饭后我们总是坐在旅馆的凉台上。前面是花园，成群的蜜蜂在鲜花盛开的常青藤上来回飞舞。爱因斯坦还年轻，身材不高，双颊圆润，小胡子剪得短短的，头发浓密，略微有点卷曲，夹杂着少许银丝。他说法语，遇到困难时，就夹着一些德国话。爱因斯坦活泼，爱笑。他偶尔用幽默的方式来讲述最深刻的思想。他自由地发表对德国——他的第二甚至第一祖国——的看法，任何别的德国人绝不会这样自由地讲话。在这可怕的一年里，每一个处在他这样地位的人都会由于精神上的孤立感到痛苦，然而爱因斯坦却不，他经常笑。他找到了继续进行科学活动的办法，这里说的是他那著名的相对论；我对这个理论没有什么概念，而爱因斯坦却提都没有提到它。不过，赞格尔凑到我的耳边说，‘这是牛顿时代以来科学中最伟大的革命’。我问爱因斯坦，他是否会把自己的见解告诉德国朋友们。他回答说，他避免此事；他愿意采用苏格拉底式的方法，即提出一连串有逻辑联系的问题使交谈者产生思想上的震动。‘不过人们并不怎么喜欢这个。’——爱因斯坦补充说。”

秋天，对于俄国革命的胜利，爱因斯坦表现出由衷的喜悦。他认为，这是马克思学说在一个大国里的一次成功尝试，也是在社会平等的基础上建立一种新的社会制度的试验。几年后，他发表文章表达了对十月革命和俄国革命导师列宁的崇敬之情：“我崇敬列宁，因为他是一个为争取实现社会平等而献出自己一切的伟人。虽然我认为他的手段欠妥，但有一点应该肯定，像他这样的伟人是人类良心的捍卫者。”

1917年，爱因斯坦患了肝病，因此在饮食上有许多禁忌，而德国此时已经出现严重的物质匮乏。爱因斯坦由于营养不良，短短两个月时间体重就减轻了25公斤，病重时他甚至虚弱得只能求同事到他家取他的论文，代为转交约稿单位。在此后整整4年里，他都饱受病痛煎熬。危难之际表姐艾尔莎给了爱因斯坦贴心的照顾，爱因斯坦就住在艾尔莎所在的四层公寓的对面，两人交往非常方便。在艾尔莎眼里，爱因斯坦有其不同寻常的价值所在，尽管她对他的学术根本不懂。她知道爱因斯坦从来不会是一个懂得照顾家的男人，在生活方面，她把爱因斯坦看作一个永远长不大的孩子，会温柔地劝他吃饭，会给他讲述街面上的市井传闻，这都让病痛中的爱因斯坦备感温暖。

而在瑞士苏黎世，米列娃过得也并不顺心，她的健康状况在恶化，由于腿部的伤痛，经常卧床不起，成为医院的常客，所以有时照顾孩子们对她来说有点力不从心。爱因斯坦夫妇在爱情消

逝的时候，也同时遭受着生理上的病痛，分隔两地各自疗伤。幸运的是，爱因斯坦的朋友海因里希·赞格尔和米歇尔·贝索常常帮助他照料两个孩子。他们认为米列娃身心的问题都是爱因斯坦对她不好造成的，不过爱因斯坦只承认他负部分责任。他把心思放在艾尔莎身上，他意识到让米列娃此时同意协议离婚不太可能，便把离婚的事搁置起来。爱因斯坦也曾设想把汉斯带到柏林来，不过遭到米列娃的反对。他把自己大半的工资都寄给米列娃和孩子们，还有年迈罹患胃癌的母亲波林。他一度很担心钱能否够用，因为德国马克在战争中对瑞士货币大幅贬值。不过，在德国许多人正忍饥挨饿，城市里好一点的食品非常缺乏的时候，爱因斯坦还是能够从南部农村的亲戚那里获得一些食物，而海因里希·赞格尔则从瑞士给他寄来十分紧缺的日常用品，这些对他来说弥足珍贵。由于朋友和亲人的帮助，爱因斯坦的病情还算没有恶化，能够支撑着继续他的科学研究工作。

战争在继续，爱因斯坦 1917 年写信给洛伦兹说：“每当我想起生活中的无限悲伤之事，就抑制不住我的沮丧心情。以前，物理学能解除我的苦恼，现在连物理学也无济于事了。”在柏林的头几年，战争的阴云虽给爱因斯坦带来不少生活和研究上的麻烦，但他始终没有停止对相对论的研究。隆隆炮火中，世界正在崩塌，而爱因斯坦最为丰硕的学术成果正呼之欲出。

1916 年初，长达 50 页的论文《广义相对论基础》发表在《物理学年鉴》上，这是爱因斯坦近 10 年来的心血结晶，也是 20 世纪理论物理学的巅峰。狭义相对论仅仅适用于做直线、匀速相对运动的参考系，广义相对论的方程与参考系的运动状态无关。也就是说，广义相对论同样适用于做加速运动和旋转运动的参考系，在某种程度上，它是 1905 年狭义相对论的“推广”。

在相对论之前，人们对时空的概念是：空间是绝对的，时间在其中匀速流淌。而相对论认为：时间和空间同样是物体固有的属性，任何有质量的物体放置于时空之中，都会引起周围时空的形变，时空是弯曲的——质量告诉时空如何弯曲，时空告诉质量如何运动。

在广义相对论中，时空的性质与物体的运动有关。一方面，物体运动的性质取决于用怎样的空间、时间的参照系来描述它；另一方面，时空的性质也决定于物体及其运动本身。这一理论从本质上否定了牛顿的引力描述，从而让我们以一个全新的视角去认识宇宙万物。爱因斯坦用这一理论解释了水星近日轨道的变动，这是长久以来所有物理学家因为无法解释而故意“视而不见”的难题。爱因斯坦预言相对论能通过日全食时观察光线的偏转来验证。他把广义相对论看作自己毕生最重要的科学成就，“即使我没有发现狭义相对论，也会由别人发现的，因为时机已经成熟；但我认为广义相对论的情况不是这样”，爱因斯坦在广义相对论发表 20 多年后如是说。

至 1917 年 10 月，爱因斯坦到柏林已三年半了，德国依然深陷于战争之中，德国威廉皇帝物理研究所终于组建完成，爱因斯坦被任命为首任负责人。这个研究所的任务是促进德国的物理和天文学研究。爱因斯坦的病情刚刚有所好转就赶去赴任，刚开始他只参加一些专业会议，后来就能在柏林大学教授一些课程了。根据当初的协议，他不需去讲课，此时他却有了讲课的意愿。

战争在此时出现了转折。1917 年，德国开始向美国船只发起攻击，起因是美国人向与德国敌对的协约国运送大量的战备物资，美国从此被拖入欧洲战事。协约国军队由于美国的参战如虎添翼，参战兵力增加到两百多万人。1918 年，德国人战败了，威廉二世皇帝在柏林被迫退位，第一次世界大战在 1918 年 11 月落下帷幕，留下的是交战双方数以百万计的士兵阵亡、终身残疾或心灵创伤。

这场战争让人类意识到，所谓的“文明”和“理智”是那么脆弱，科技进步带来的却是越来越大的杀伤力，而有良心的统治者、有理性的呐喊者是那么弥足珍贵。

幸运的是，爱因斯坦全家在战争和疾病的双重侵袭中幸免于难，战争的结束给了爱因斯坦很大鼓舞。威廉二世退位，德意志共和国应运而生，民众潮水般涌上街头，欢呼“革命”的成功。爱因斯坦给居住在瑞士的母亲写信说，他生平第一次在柏林体会到心情舒畅的感觉。德国军事上的失败却创造了政治上的奇迹，爱因斯坦满心希望一个自由民主的社会出现在战后的德国。民主社会主义者所倡导的社会平等的目标在当时欧洲的知识分子当中获得非常普遍的认同，爱因斯坦无疑也是他们中的一员，他不遗余力地积极支持民主社会主义者的活动。

这时候，除了持续不断地致力于战后和解工作之外，爱因斯坦开始认识很多犹太人，并逐渐找到自己的犹太身份认同。当时，很多犹太人从备受歧视的东欧国家搬往西边的德国和其他西欧国家，希望能在那里更好地生活。但事与愿违，他们在德国的遭遇也好不到哪儿去，同样的偏见依然存在，甚至许多德国的犹太人也认为自己比这些东方犹太移民在文化和社会地位上更高一等。

通过与犹太复国主义活动家库尔特·布卢孟菲尔德建立友谊，爱因斯坦开始对犹太复国主义产生兴趣，开始支持在巴勒斯坦建立一个犹太国家的想法。爱因斯坦后来很感激布卢孟菲尔德，认为他“帮助我意识到自己的犹太灵魂”。在到柏林之前，爱因斯坦的犹太意识从来没有在心中留有位置，因为他对族群差异的看法完全中立，而且之前他在不同的人群和不同的地方都能很快适应，不会有陌生的感觉。不过他从未参加过任何一个犹太复国主义组织，他反对任何形式的民族主义，包括以犹太复国主义为代表的犹太民族主义。

但爱因斯坦还是支持把以色列建成犹太人难民营，因为他相信聚居社区能传承延续犹太文化。1920 年，他告诉一个德国犹太团体说：“我不是德国公民，我的信仰中也没有任何东西可以被描述为‘犹太信仰’的部分，然而我很高兴自己是犹太人，尽管我不认为犹太人是所谓由上帝‘挑选出来的人’。”

他认为，正是因为存在反犹太复国主义的人，犹太这个民族才得以保存下来；换句话说，正是在与偏见做斗争的过程中，犹太人才更加团结在一起，结成跨国的兄弟友谊，如果没有这些偏见，犹太人可能早就被所生活地域的其他强势民族同化了。他公开反对把犹太族群的民族主义局限于在巴勒斯坦建立国家，他认为所有散居的犹太人，不管他居住在哪里，都应该被承认；此外，他还认为如果犹太人不在世界舞台上做出成绩，留下影响和声音，那么世界将会否认犹太人的存在。

与此同时，他和米列娃的婚姻已经无可挽回。在战争结束前那个夏天，他已同米列娃签署了离婚协议。根据协议内容，爱因斯坦必须在瑞士银行为米列娃存下一笔数目可观的钱，而且此后每个季度还应向她提供生活费。此外，如果他未来获得诺贝尔奖，奖金将归米列娃所有。米列娃可以自由支配存款的利息，但若要动用本金则必须经过爱因斯坦的同意。孩子的监护权由米列娃行使，爱因斯坦可在学校放假的时候自由前往瑞士与孩子们在一起。1918 年底，他们正式开始离婚的法定程序。

就在离婚程序即将结束前，爱因斯坦到苏黎世待了一个月，以客座教授的身份在苏黎世大学做了一系列讲座，并和米列娃及孩子们一起度过了这段日子。他们俩对于难免离婚的命运都已能够坦然面对，爱情所导致的彼此伤害在婚姻结束之后反倒释然了。

1919 年 2 月 14 日——情人节，爱因斯坦和米列娃正式离婚。随后不久，他和艾尔莎登记结婚。事实上，在与米列娃离婚之前，爱因斯坦就搬到街对面的艾尔莎的公寓，与她共同生活了。艾尔莎给他腾出一间房间专供他学习、研究，从此他们俩携手相伴，直到 17 年后艾尔莎去世。艾尔莎的两个女儿——22 岁的伊尔莎、20 岁的玛格特，都与爱因斯坦夫妇一起生活。

爱因斯坦无拘无束地生活了太久，现在艾尔莎为他安排的安稳舒适、井井有条的生活显得和爱因斯坦格格不人。当他衣冠不整地出现在自己家中铺着地毯、挂着壁画的客厅里时，人们可能会以为他是刚刚闯进来的流浪汉。

爱因斯坦一个人住在楼下的大厅里，艾尔莎在生活上给他的社会活动方面提供了很多帮助，也始终竭力维持他良好的公众形象。总体上来说，这是一桩合理的婚姻，是一次圆满共赢的“合作”。而在情感上，由于双方志趣不同，必将有些不尽如人意，这一点在多年后爱因斯坦收到好友贝索去世的消息后安慰贝索的妻子时得到了验证，他说：“我最钦佩贝索的是，他多年来不仅与爱人和平相处而且一直相亲相爱——很惭愧，我两次都没能做到这一点。”写这句话的时候是 1955 年 3 月，爱因斯坦生命已进入倒计时，我们有理由相信他是坦诚的。

在爱因斯坦和艾尔莎 6 月 2 日婚礼的前 4 天发生了一次日食。为了观测这次日食，一个由英格兰岛上最有名的爱因斯坦广义相对论研究专家、剑桥天文台的主任亚瑟·爱丁顿爵士率领的英国科学观测队动身前往非洲西海岸的普林西比岛，那儿是日食的最佳观测地点。爱丁顿的任务是测量太阳引力作用下星光的弯曲角度，从而验证相对论是否正确。这次活动得到了科学界的广泛关注，爱因斯坦对这次观测很有信心，认为最终的结果必将证明广义相对论的正确性。

通过观测日食来验证相对论的过程是一段曲折的传奇故事。早在 1911 年，爱因斯坦在《物理学年鉴》上发表了题为“关于引力对光线传播的影响”的论文并号召天文学家去实地测量的时候，德国一个年轻天文学家弗里德里希就积极响应了。他是柏林天文台的工作人员，对天体物理学充满热情，但他的上司并不关注理论物理学的新进展，只让他负责烦琐的星表编辑以及带领人们参观天文台的工作。弗里德里希在听到爱因斯坦的号召后很快便给他写信，表示愿意参与这项具有重大意义的验证活动，年轻人也渴望通过这次活动改变自己的命运。爱因斯坦给他回了信，表示会提供一切可能的支持。

19 世纪初期正是天文摄影技术得到广泛应用之时，美国里克天文台台长威廉·华莱士·坎贝尔最先将观察重点转向对日食的观测和摄影上。在爱因斯坦的预言提出之前，他及其他天文学家就已经进行了多次日全食观测，留下了不少发生日全食时拍下的星空照片。

1912 年 10 月，在南美洲北部有一次日全食，阿根廷科尔多瓦天文台准备观测恒星的光线偏折，但因为发生日食的那天刚好阴云密布，根本无法进行拍摄和观测。1914 年 8 月又发生了一次日全食，这次的日食带很宽，从东欧的西北直到东南。弗里德里希决定亲自到日食最佳观测点去拍摄，但这个满怀热情的年轻人遇到了经费问题——他所在的柏林天文台对此丝毫不感兴趣。为了使观测顺利进行，弗里德里希不得不到处募集资金，爱因斯坦也利用自己的影响来帮助他，最后美国里克天文台的坎贝尔为他提供了一些经费，并派了一队人马与他同行。

预测日食发生在 8 月 21 日，德、美联合日食观测队选择在靠近俄国基辅的地方扎营。但令科学家们没想到的是，1914 年 8 月 1 日，德国向俄国宣战，还没等到日食发生，俄国人就逮捕了弗里德里希等德国天文学家，他们的目的是用这些科学家来交换被俘的士兵。

因为坎贝尔来自美国——当时的中立国，所以俄国人允许他留下来观测日食，但是天公不作美，日食那天又是乌云密布。日食结束后，里克天文台的天文学家仓皇退出俄国，连带来的珍贵仪器都没能运走。坎贝尔在后来给另一位美国天文学家乔治·海耳的信中写道：“我从来不知道，满怀希望的天文学家没有观察到日食，将会多么失望，他简直想从后门钻进家中，别撞见任何人。”

1915 年，爱因斯坦出版了介绍他的广义相对论思想的文章，但由于战争限制，文章无法有效传播，不过爱因斯坦的两位密友——洛伦兹和保罗·埃伦费斯特收到了论文，并且与荷兰天文学家德西特分享，德西特又将文章发给英国的爱丁顿。

爱丁顿与爱因斯坦神交久矣。在战争时期，爱丁顿奉命研究德国科学家的理论，从而第一次知道了爱因斯坦，尽管当时爱因斯坦的论文使用了很多他自创的科学符号，但爱丁顿认为他的论文“美丽、优雅而充满力量”。当时英国反德情绪严重，无法发表德文的报告，爱丁顿就让德西特写了一系列文章来介绍爱因斯坦的理论。这样，即使是在战争最黑暗的时期，英国人也了解了爱因斯坦的发现。

天文学家预测到 1919 年 5 月 29 日将有一次日全食，始于智利和秘鲁的接壤处，越过南美，经过大西洋，直到非洲中部。日全食延续时间最长的地方是在大西洋中部，离利比里亚海岸几百公里的地方。

爱丁顿对爱因斯坦的理论表现出来“不合时宜”的热衷，加上他一贯积极反战，从而成了当局监视的对象，因此他想申请参与 1919 年的日食观测几乎不可能获准通过。这时，另一位科学家——英国格林尼治天文台的弗兰克·戴森站了出来。戴森也是一位著名的天文学家，1889 年毕业于剑桥大学，终生在英国皇家天文台工作，参加过自 1900 年以来的多次日食观测，观测经验丰富，由他出面申请组织日食观测队更为合适。

戴森向上级申请由爱丁顿来组织领导一支观测队，他们还提出了一个听上去非常说得过去的理由：如果观测结果证明爱因斯坦的理论是错误的，那么符合当时人们的心理倾向，皆大欢喜；如果结果证明爱因斯坦的理论是正确的，那么众所周知这将是人类科学史上又一次颠覆性的事件，而最初验证这个结论的，是英国人。这个理由奏效了，他们的申请获得了批准。

经过讨论，英国派出两支观测队，一支到南美洲巴西的索布拉，由戴森领队；一支到非洲西岸的普林西比岛，由爱丁顿领队。两个观测队各携带一台 33 厘米口径的天体照相仪，戴森观测队还多带了一台10厘米口径的光学望远镜。

这时，曾于1914年去往俄国观测日食却无功而返的坎贝尔也准备参加这次远征。听说英国人已经开始行动，他知道通过观测日食验证相对论的比赛加入了强劲的对手。在此之前，1918年6月美国有一次日食，给了美国天文学家一次得天独厚的机会，但仍然是因为天气原因，坎贝尔派去的观测队只获得很少的照片，无法证实爱因斯坦的光线偏折理论。因此，当1918年11月战争一结束，坎贝尔就催促里克天文台的另一位科学家科蒂斯赶快准备参加这一观测活动。

战争刚刚结束，一切都很混乱。普林西比岛最适宜活动的时间是6月到9月，其余时间都十分闷热，但观测队必须提前到达观测点做各种准备，因此，爱丁顿观测队于1919年4月下旬到达了普林西比岛，在闷热、暴雨和蚊虫的轮番袭击下做准备工作。潮湿的空气侵蚀了大部分胶片，他们沮丧地等待5月29日下午2点15分开始的时长5分钟的日食，而最令他们担心的是：天气！

日食当天，普林西比岛风雨交加，但在下午日食开始前不久，风住雨停，云层戏剧般地在日食带上留下了一条空隙，爱丁顿拍了多张照片，有两张能清晰显示出恒星的图像。

而当时巴西的索布拉天气很好，戴森考察队一共拍摄了26张底片，其中19张由格林尼治皇家天文台的天体照相仪拍摄，这台仪器的拍摄质量很差，另一台10厘米口径的小望远镜拍摄的7张底片倒是很清晰，但尺寸太小。在理想情况下，相对论效应仅导致在底片上1/60毫米的位移，只有恒星图像直径的1/4，因此照片尺寸越小，进行计算就越困难。

他们各自回到英国后，经过计算，索布拉观测队如果按照后7张底片计算，光线偏折值远远大于爱因斯坦的预言值，因此，最后公布的值是所有26张底片的平均值——1.98±0.12角秒，而普林西比岛观测队的结果是1.61±0.30角秒，都与爱因斯坦理论预估的1.75角秒不相同。

爱丁顿与戴森讨论后，以加权方式定出光线偏折为1.64角秒的结论，与爱因斯坦的预言比较接近。1919年11月，戴森在英国皇家学会和皇家天文学会上宣布：这次远征队的观测结果支持爱因斯坦的理论！他们还在皇家学会会刊上发表了一份报告《1919年5月日全食观测证实太阳引力场对光线的偏折作用》。而在这一发现宣布之前的几天，洛伦兹就发电报给爱因斯坦说："爱丁顿发现太阳边缘的恒星位移。恭喜恭喜。"爱因斯坦得知后，马上给母亲写信报告英国日食观测队证实了他的理论，他说："我从来没有想过会是别的结果。"

两个人拉着一张床单让其平直伸展，中间放一块圆形面包让其自然凹陷，然后向这个凹陷中扔一个圆形水果，人们看到了水果在其中的圆周运动——质量告诉时空如何弯曲，时空告诉质量如何运动。这是 1919 年之后许多寻常百姓家模拟的天体实验。

一种全新的认识宇宙的方式——它不再平直伸展，它有起点和终点以及优雅的弧线，而验证这个生动理论的又是天空中神秘的日食。疯狂的战争过后，人类陷入了反思和怀疑，而相对论的出现是一个恰到好处的鼓舞：人类除了野蛮的兽性，也具备如此美丽的理性。这样的话题太适宜传播了，随着媒体的广泛报道，爱因斯坦迅速变成一名大众偶像。英国皇家天文学会宣布结果后，伦敦《泰晤士报》于 11 月 7 日的头版头条以大大的黑体字写道——科学的革命：牛顿思想被推翻。而《纽约时报》则以"光线在宇宙中弯曲”为标题进行了报道。

那是影像的第一个黄金时代，爱因斯坦不拘一格的装束和幽默轻松的谈吐一改人们心目中传统的科学家形象，爱因斯坦从此拥有了无数支持者。“相对论”成了街头巷尾的热门话题，在1917—1922年之间，《狭义和广义相对论浅谈》至少出了14版，销售65000册之多。爱因斯坦在随后几年通过讲座和版税得到的收入超过了他在普鲁士科学院和德意志皇家物理学院收入的总和。各行各业的人们都给他写信，不论老人还是孩子、同行还是外行，每个人都想和天才取得联系或者利用他的名气谋取利益。有人出重金收购相对论的介绍论文，市场上叫卖着“相对论”牌香烟……

爱因斯坦在这年9月给物理学家麦克斯·波恩写信说：“就像神话里的那个人，他把任何触摸过的东西都变成了金子。就我而言，则是所有的东西都变成了报纸上的谈资。”他也觉得自己的成就被夸大了，他并不值得获得“如此广泛的崇拜”。他的理论很难用科普语言表述，这就使得关于他的科学神话在一般民众中流传得更加神秘，甚至有人认为爱因斯坦所参透的宇宙是其他任何人都无法领会的。爱因斯坦对突如其来的巨大声誉刚开始时感觉还不错，在跟媒体的交流中显得诙谐幽默，但是到后来他开始远离这种喧嚣，希望生活在平静当中。爱因斯坦在 1920 年的一封信中诉苦道：“我从不擅长说‘不’。但现在，新闻和信件不断地向我发出邀请和要求，我每晚都梦见自己被火焚烧，梦中的邮递员变成了魔鬼，对我大声呵斥并把成捆的新信件向我头上掷来，就因为我对过去的信件未做答复。”艾尔莎每天都帮爱因斯坦处理大量的对外沟通事务，她礼貌优雅又立场坚定的交际技能帮了爱因斯坦大忙。

1920 年 3 月初，爱因斯坦的母亲波林因胃癌在德国柏林去世，享年 62 岁。几个月前当她住在瑞士时，爱因斯坦就已很担心她的病情，他花了很大力气把她接到柏林，并在自己的寓所为她空出一间房，他和艾尔莎给予母亲贴心的照料，陪她度过了最后的日子。

赫尔曼死后家中已经非常窘迫，波林先是和她姐姐住在一起，后来长期在一位银行家的家中兼任家教和保姆，患病后只好和爱因斯坦的妹妹玛雅生活在一起。在知道自己来日无多的时候，她希望能和儿子生活一段时间。在这里她走到了生命的尽头。母亲去世后，爱因斯坦给在瑞士的好友海因里希写信说：“母亲上周去世了，去世时历尽痛苦。我们也都心力交瘁，悲痛欲绝。在这时候才感到血缘的亲情是深入骨髓的。”

一战后的解放运动导致新一轮的反犹主义思潮，爱因斯坦意识到这种思潮的增长，这种偏见一部分表现为对爱因斯坦相对论的批评。德国物理学家菲利普·雷纳德和约翰斯·斯塔克把爱因斯坦的理论说成是“犹太人的科学”。刚开始，爱因斯坦试图不予理睬，宁可把时间花在参与战后重建中。后来由于纳粹的兴起，德国面临法西斯的危险，爱因斯坦看到整个国家正在走向一条极端的道路，于是他开始仗义执言，公开抨击纳粹和反犹主义种族偏见。

由于自己的社会领域和教育息息相关，爱因斯坦的关注点首先体现在公民教育上，他强烈倡导为所有人提供公平的受教育机会，他也身体力行，曾两度公开表明自己对放宽学生到课堂听课的观点，一次是 1919 年受邀到苏黎世做公开演讲时，另一次是 1920 年在柏林大学授课时。

1920 年 2 月，柏林大学学生会抗议爱因斯坦允许社会人士到课堂听课的做法，他们代表缴费上学的学生在一次演讲中公开激烈地质问他，因为许多没有登记但来到爱因斯坦课堂的“学生”被证实是来自东欧的犹太人，校方和爱因斯坦本人均否认这一指控。因为这次“骚乱”，当局改变了允许校外人士前来听课的政策。

然而，此后不久，爱因斯坦对自己所持的观点做了一点小小的修改——社会人士依然可以听课，但条件是校内交费上学的学生要先有座位，而且必须在演讲大厅还有座位空余的情况下才能被允许进入听课。但实际上如果是座位满了，他也会另外安排在校园外做一系列晚上的讲座。

在这一年，爱因斯坦来到北欧做演讲旅行，他在荷兰被任命为莱顿大学的名誉教授，在丹麦遇见了物理学家尼尔斯·玻尔。他同时向公众发表一系列关于科学的声明，其中一个是应科普教育协会的要求在 1920 年 7 月所做，他在声明中强调向学生和公众展示科学技术应用于日常生活的重要性，并称科普教育与人文教育一样具有重要价值。

就在爱因斯坦做这些事情的同时，阿道夫·希特勒——一个名不见经传的德国民族主义政党德国工人党的组织者，开始在德国的政治舞台上培植势力。希特勒的出生地和爱因斯坦的出生地相距很近，二人是名副其实的老乡，然而如今在各自不同的人生舞台上扮演着截然不同的角色。

1920 年 2 月，希特勒在慕尼黑组织了一个大集会，参加者达 2000 余人，他在集会上提出“二十五点计划”并将其作为政党的纲领。德国工人党很快更名为德国国家社会主义工人党，即纳粹党，不久之后它就蜕变为法西斯极端主义政党，为害德国、欧洲和世界近 25 年。

8 月份，爱因斯坦开始反击 1918 年以来一个被他称为“反相对论团伙”的批评。他在柏林的交响乐大厅做了两场演讲，反对者们在大厅门口散发反对犹太人的宣传册，并售卖带有纳粹字标志的领章。爱因斯坦则首先通过报纸发表文章，继而在一个月后专门做了一场公开演讲以回应那些反犹太分子的行为。他终于不再对这些恶意挑衅保持缄默了。

这些冲突使得爱因斯坦的朋友分成了两派，许多支持者则担心公然与反犹太分子的对抗将会对爱因斯坦不利。爱因斯坦还写了两篇关于“犹太人问题”的文章，反击一战后甚嚣尘上的反犹浪潮。尽管他没有发表这些文章，但在演讲中经常提到相似的话题。

世界公民

从这时起，欧洲时局已经让爱因斯坦备感失望，而他的学术成就也使他的生活范围扩大到了全世界。荷兰皇家于 1920 年 6 月邀请爱因斯坦在方便的时候去莱顿大学做短期讲学，并授予他客座教授的头衔。爱因斯坦此后多次去莱顿讲学，为期 3 年的任期被一再续约，直到 1952 年才正式结束。

在莱顿大学，爱因斯坦和老朋友埃伦费斯特相处得特别愉快。他每次走进埃伦费斯特的家时都会欢快地喊出那句他常挂在嘴边的话："一个人除了提琴、床、桌子和椅子之外，还需要什么!"爱因斯坦和这家人结下了深厚的友谊，如同一家人。与此同时，他还接受了布拉格和维也纳等地的学术机构的邀请，在讲学之余也参加各种高端聚会，发表和平演说，呼吁各国化干戈为玉帛，增加理解和宽容。他像一个德国外交官员一样走访欧洲各国。

而在讲学和出游之间，他总是有意安排出时间与家人团聚。从美国回来不久，爱因斯坦便挤出一点时间与儿子们一起度假。汉斯已经 17 岁，爱德华也 11 岁了。他们到波罗的海去玩帆板，然后在附近的农家过夜，晚上还一起烧烤。爱因斯坦非常享受这种简单随意的生活和与全家团聚的快乐。

1921 年，爱因斯坦获得了诺贝尔物理学奖，不过直到 1922 年他赴日本途中才收到正式通知。获得这一殊荣确实是件大喜事，但也产生了一些麻烦，因为诺贝尔奖必须明确获奖者的国籍身份。爱因斯坦直到此时还坚信自己是一个瑞士公民，但德国政府声称自从他 1914 年被任命为德意志皇家物理学院的职位后便自动拥有了德国国籍，但德国当局同意爱因斯坦可以同时拥有瑞士国籍，所以他就没有再坚持反对，同意以德国物理学家的身份领取奖项。

1921 年春天，爱因斯坦首次造访美国，他此行有两个目的，一是以代表身份参加犹太复国主义者在耶路撒冷筹建希伯来大学的募捐活动，他强烈支持建立这所大学，而且希望大学把重点放在科学和医学研究方面，他认为这所大学的设立可以让在一些国家被禁止上大学的犹太人到这里继续学业或事业；二是访问新泽西州的普林斯顿大学，他将在这里进行 4 场关于相对论的演讲。

由于当时爱因斯坦的身体依然比较虚弱，艾尔莎便陪同前往照顾他。带领这个希伯来大学募捐代表团的是以色列第一任总统哈伊姆·魏茨曼，他当时是英国公民，担任世界犹太复国主义者组织的主席。旅途中他们俩的讨论除了犹太复国主义和政治，还包括科学。魏茨曼开玩笑说："在我们的交谈中，爱因斯坦每天都向我解释他的理论，当我们到达美国的时候我终于相信了他是真的理解相对论的。"

抵达纽约后，爱因斯坦马上成为当地瞩目的焦点。在他纽约的行程中，安排了在哥伦比亚大学和纽约市立大学的两次演讲，听众爆满。在美国首都华盛顿期间，爱因斯坦与国家科学院的科学家一起到白宫与美国总统沃伦·哈定进行了短暂会面。在官方的会见上，美国人依然发挥了其幽默风格，一位议员在介绍爱因斯坦时开玩笑说："世界上只有两个人懂得爱因斯坦先生的理论，可惜一位已经故世，而站在我们面前的爱因斯坦教授本人，由于'年事已高'，也把自己最新发现的理论给忘了。"

美国人的幽默给爱因斯坦留下了深刻的印

象，不过，他也毫不隐讳对美国人的批评。回到德国后，他对一家荷兰报纸这样讲述初次访美的感受：“要是我没有过多的偏见的话，美国人未免有些无聊。纽约、波士顿和芝加哥等城市到处都有戏院、剧场，但此外还有什么呢？上百万居民的城市在精神上是那么空虚！能有一点使人们好奇的东西，他们就会兴高采烈。”

在普林斯顿，爱因斯坦的行程也很繁忙。除了 4 场演讲之外，他还接受了一个荣誉博士头衔。另外，爱因斯坦接受了普林斯顿大学更多演讲的邀请，部分原因是丰厚报酬的吸引力——他当时很需要钱，因为承担着很多家庭责任，所以正从海外寻找经济来源，以使家庭度过战后的艰难岁月。普林斯顿大学最初邀请他在 2 个月内总共演讲 24 场，每周 3 场，总共付给他 15000 美金，这在当时来说是很大一笔钱。后来双方又商定，把时间缩短为 1 个星期共 4 场，总题目为“相对论的意义”，相应地，收入也少多了。后来，爱因斯坦在普林斯顿的演讲被汇编成书，于第二年在美国和英国同时出版，直到现在还在印刷再版。

完成了在普林斯顿的工作后，爱因斯坦和魏茨曼一起继续到美国中西部进行募捐活动。尽管募捐活动并不如一些犹太复国主义者所希望的那样满载而归，但爱因斯坦在同美国犹太人社区交往的过程中，更加坚定了自己的犹太人身份认同。他回到德国后，在写给好友艾伦法斯特的信中说：“犹太复国主义确实代表了一种全新的犹太理想……这一理想可以给犹太民族的存在带来再次的喜悦。我很高兴这次答应了魏茨曼的邀请。”

在返回欧洲的途中，爱因斯坦夫妇在英国短暂停留，他真诚自然的人格和深刻的思想在一定程度上缓解了英国人对德国的仇恨，而英国严谨刻板的生活作风也给他留下了深刻印象。在他和艾尔莎下榻的贵族宅邸中，贴身女仆一步不离地侍候他们，这让爱因斯坦十分窘迫，他跟艾尔莎开玩笑说：“艾尔莎，你说要是我们企图逃跑，她们会怎么样？”

在战后一段相对安定的日子里，爱因斯坦除了忙于物理学研究，开始更多地关注一些新领域，如教育、和平主义和犹太复国主义等。他在1921年发表了一篇文章《爱因斯坦论教育》，文中表达了他对教育问题的看法。1922年，爱因斯坦完成了他关于“统一场论”的首篇论文。在这篇论文中，爱因斯坦尝试将引力理论和电磁理论用一个统一的理论体系表述出来，证明两种力是基于某种更加基本的力或规律。

战后物理学界的有识之士将目光集中在社会问题上，爱因斯坦跟玛丽·居里、洛伦兹和其他知名知识分子一起加入新成立的国联知识分子合作委员会，这个组织的宗旨是动员全世界的知识分子行动起来倡导世界和平。但爱因斯坦很快疏远了“国联”，因为“国联”拒绝德国物理学家参加接下来的索尔维峰会，他虽然被允许以个人名义加入，他却认为这个组织并没有“真诚的愿望”，不久后退出。

在写给居里夫人的一封信中，爱因斯坦详细地说明了自己的想法：“我明白，我退出国联委员会，并且发表了一份措辞尖锐的声明，您会生我的气，在这之前不到半年，我自己还劝您参加这个委员会呢。我的辞职，不是出于卑下的动机，也不是由于同情德国人。我已经深信，‘国联’尽管还掩饰着一层薄薄的客观公正的外表，但它的所作所为已经像一个强权政治的驯服工具。在这种情况下，我不愿同‘国联’发生任何关系。我能够充分理解为什么法国人和比利时人不喜欢碰上德国人，可是，如果像那些被蛊惑人心的舆论所操纵的反动分子一样，按照各自的国籍或者其他浅薄的准则来相互对待，那肯定是不配做真正有文化的人的。如果世道正是如此，我宁愿待在自己的书房里，不愿为外界人们的行为而心烦……我认为您的灵魂深处对这种感情总会有所理解，而且您始终是使我觉得特别亲近的姐妹，否则我是不敢以这种态度向您发牢骚的。”

一年后，因为“国联”在态度和行为上有所纠正，爱因斯坦再度加入该委员会，并定期参加委员会的会议直到 1930 年。

德国的经济困难和衰退还在继续恶化，糟糕的经济状况导致下层民众生活困苦。寻求变革和社会福利的民意促进共产主义在德国东部的势力日益增长，他们的变革主张在穷人当中特别受欢迎。德国人认为是犹太人，特别是来自东欧国家的新移民，抢走了他们的饭碗，增加了他们的困苦。

但是在这个时候，大部分德国人对爱因斯坦还是非常尊敬的。人们希望把他的大名和学识留在德国的大学中，即使爱因斯坦有时对他们提出直言不讳的批评。他甚至还与一些德国民族主义的团体进行交流，跟他们保持着友好的关系。他对所有的人都很亲切，也很“民主”，他相信人们会对一个诚实的人表示敬意的，即使他们之间的观点和看法不尽相同。

然而社会变革并不只是靠美好的愿景和民意就能实现的。战后德国乃至整个欧洲的工业基础均遭受重创，协约国对德国的猛烈攻击并不比当初德国攻击他们时更具怜悯之心。德国那些关系国计民生的工业设施已被夷为平地，农业生产也被破坏严重，食品和社会产品极度匮乏，许多德国人和奥地利人都处于饥饿之中。

爱因斯坦和其他许多人一样，为高涨的儿童死亡率和大批饥民感到悲痛，特别是在柏林亲眼看到这一切的时候，他的心情更是不能平静。第一次世界大战后，德国马克大幅贬值，经济大萧条。由于协约国方面索要的巨额赔款，德国民众把大部分的经济困难都归罪于战后协约国通过凡尔赛条约强加于战败国的苛刻停战条件，这些债务大都被转嫁到德国民众身上。

德国政府不断加印钞票，导致国内通胀率极高，民众放在银行的钱大幅度缩水，最终引起了政治上的全面动荡。这个时候，不论是共产党还是法西斯政党都蠢蠢欲动，都希望掌控国内政治主导权。最后，最极端民族主义的法西斯政党在民众当中赢得了多数人的支持，因为他们批判凡尔赛条约最强烈，并且反对建立新的民主德意志共和国的施政目标，迎合了战后一般民众心中不断积聚的复仇情绪。他们认为战争的失败是因为国内“11 月罪人”的出卖导致的，他们刺杀了主张共和的总理和外交部部长等高官。爱因斯坦由于同时具有和平主义者、民主主义者和犹太人的身份，是标准的“11 月罪人”，也处于极度的危险之中。德国和爱因斯坦个人的命运都陷入一片阴暗之中。

在那之后，爱因斯坦变得小心起来，他开始从政治争议性话题中脱身而出，不再如先前那样畅所欲言，对可能遭到的人身安全的威胁开始警觉，也不再如先前那样频繁出现在公众场合。

他在 1922 年 7 月 16 日给朋友莫里斯·索洛文的信中说：“自从对拉瑟诺令人痛恨的谋杀之后，在这里每天都有很多令那些民族主义者歇斯底里的事。我自己也不断被警告要小心安全，我已取消好些计划中的演讲，从官方场合‘消失’，尽管实际上我并没有离开。”从这时起，他开始考虑辞去威廉皇帝学院和德国学术界的职位，打算到别的地方去。

来自东方的邀请恰好在爱因斯坦想暂时离开柏林这个是非之地的时候到来。爱因斯坦和艾尔莎应一家日本出版公司之邀出访远东和日本，还计划在返回途中造访巴勒斯坦、西班牙，并在法国短暂停留。这家财大气粗的出版公司慷慨地为爱因斯坦提供了经费，邀请他在日本做一系列讲座。爱因斯坦后来写了一篇文章《日本印象》，发表在一家日本刊物上。夫妇俩于 1922 年 10 月离开德国前往法国的马赛，并在那儿乘上一艘日本汽船，开始了 6 周的海上航程，终点为日本首都东京。途中，他们在新加坡、中国香港、斯里兰卡和上海均有短暂停留。爱因斯坦随身带着一本旅行日记本，在途中坚持写旅行日记，记述途经国家的新鲜有趣的风土人情和印象深刻的所见所闻。

在海上漫长的旅途中，爱因斯坦再次患上胃病，随船医生给他提供了必要的治疗。后来，在轮船经香港到上海的这段路线时，他获得诺贝尔物理学奖的消息获得官方证实，并被正式宣布了，这个好消息多少有利于他的康复。

在上海，爱因斯坦受到知识文化界的热烈欢

迎，当地报纸也颇为感叹“在科技如此落后的我国，一位西方来的科学家竟能引起如此强烈的反响”。爱因斯坦出生的 1879 年是中国清朝的光绪五年，后来极力变法的光绪帝此时还是坐在皇帝宝座上的一个玩偶，真正大权在握的是坐在垂帘之后的“老佛爷”慈禧太后。当爱因斯坦辗转半生终于踏上东方的土地时，中国也正经历着“两千年未有之变革”，少数的有识之士为民主和自由苦苦探索拼搏着，而绝大多数的民众依然生活在一个延续了千年的沉重的梦中，不见觉醒的迹象，像他们的祖先一样，把自己的命运寄托在“明君”“贤臣”的出现上。

爱因斯坦在日记中写下了对上海的印象：“他们好像是被蒙蔽的、鲁钝的、不开化的民族，同他们伟大文明的过去好像毫无关系。中国人更注重的是他们所谓的勤劳的美德，而对于改造他们的生活毫不热心。他们比印度人更乐观，也更认真。但他们大多数是负担沉重的：男男女女为每日 5 分钱的工资沉重地劳作。他们似乎鲁钝得不理解他们命运的可怕。但这对于一个想在全世界各处看到社会幸福、经济公平、国际和平和阶级和平的人，实在是一幅悲惨的图像。欧洲人喜欢他们的可能也正是这一点。”

新晋诺贝尔奖得主的头衔让爱因斯坦在日本所做的一系列演讲更加备受推崇，所到之处均获得迎接国际名人一样的热烈隆重的欢迎。日本人的热情和奉承让爱因斯坦很受用，他对新鲜事物也表现得兴味盎然。1924 年 5 月，他给朋友贝索的信中说：“我第一次见到一个幸福而健康的社会，社会的每一个成员都完全融入其中。”在日本福冈的最后公开行程中，爱因斯坦出人意料的举动让现场的日本听众欣喜若狂——他在一个基督教青年会的圣诞集会上为听众拉起小提琴，一展科学巨匠在音乐方面的天赋。

1923 年的元旦前几天，他和艾尔莎离开日本，大约一个月后到达了中东的巴勒斯坦海岸。在特拉维夫和耶路撒冷，犹太劳工和农民展现出了他们高超的技艺。通过与他们面对面的接触和了解，爱因斯坦原先怀疑犹太人没有能力建立自己的祖国的疑问终于烟消云散，转而成为犹太人复国的热切支持者。不过爱因斯坦也不是对犹太复国主义特别入迷，对那些墨守犹太传统成规，整天将很多时间花在祈祷仪式上，还遵从各种繁杂古老传统的犹太人，他还是敬而远之的。

到巴勒斯坦不久，爱因斯坦参加了位于耶路撒冷的希伯来大学的开工奠基仪式。尽管并不懂希伯来文，他还是在为大学开工所做的即席发言中读了生平第一句母语希伯来文，然后又与其他出席仪式的犹太名人一起为校园的第一座建筑奠下基石。爱因斯坦后来在一篇文章中提到他心目中对犹太人祖国的构想，显然当时他并未考虑到任何“阿拉伯问题”，只是天真地设想犹太人和阿拉伯人和谐生活在一起的美丽图景。民族问题在他的“理想国”中不居主要地位，他认为生活在这块土地上的人们面临的最主要的问题在于卫生条件、疾病和债务。他把未来的犹太人祖国看作全世界犹太人的“精神家园”，不过他心中依然存有疑问，很怀疑能否吸引全世界的犹太人到这个祖国安居。从巴勒斯坦回到德国，乃至日后到了美国，他都在全力以赴帮助以色列的建国计划，不过这是他唯一一次踏上巴勒斯坦和耶路撒冷，从那以后再也没有回到那里，亲眼看看自己和其他以色列先驱共同努力取得的成果。

20 世纪 20 年代末，当巴勒斯坦发生大规模的反犹骚乱以后，爱因斯坦才开始对阿拉伯人和他们的权益问题给予关注，对犹太复国主义的态度才发生变化。与此同时，犹太复国主义者的表现也令他失望。宣布开建希伯来大学之后，该校办学方向发生了变化，与当时为大学募捐时他所建议的着重科学与医学教育的方向背道而驰。这种转变的主要原因来自美国捐赠者的压力，因为希伯来大学大部分的经费都来源于美国的犹太人，他们认为应该由自己来决定新学院的发展方向。

爱因斯坦原先设想将学校建成一流的教学和研究型大学，致力于最高级的科学水平，这一设想是出于满足大量到巴勒斯坦的犹太人的需要。但是美国人更倾向于将这个大学建成一所师范院校，希望安排那些富裕的美国捐赠者到学校任教，他们根本没有太大兴趣吸引最高水平的学者加入大学。爱因斯坦很快发现自己与学校的主事者的意见相左，批评他们选一些“道德低下的人”来完成建校的目标。在与学校官员几次争执后，校方仍不愿意妥协，不同意改变大学用人的标准和未来规划，无奈之下爱因斯坦黯然辞去学校董事会和学术委员会的职务，从此不再参与希伯来大学的事务。

越来越多的犹太移民如潮水般涌回“故乡”，

巴勒斯坦土地上的阿拉伯人被迫做出反击。爱因斯坦对阿拉伯人心怀歉意，他认为犹太人应想办法与他们和解并合作共建家园。他在 1929 年底给魏茨曼写了一封信，认为犹太复国主义者应该与当地的阿拉伯人和平合作，他在信中说："如果不能找到合适的办法与阿拉伯人达成诚实的合作并订立诚实的条约，那么就意味着我们没有从两千多年来流离失所的痛苦经历中汲取教训，而且未来仍将逃脱不了同样的命运。"

他希望"两个同属古闪族的民族"都拥有一个同样伟大光明的未来。爱因斯坦的朋友厄内斯特·斯特劳斯概括他对犹太复国主义立场的说法相当到位，他说："他作为一个犹太复国主义者是基于一般人道主义立场，而不是基于民族主义立场。他感到犹太复国主义是解决欧洲犹太人问题的唯一方法……他从来不赞成具有侵略性的民族主义，但认为在巴勒斯坦建立犹太人祖国是拯救欧洲犹太人的关键。"爱因斯坦还反对建立一个独立的犹太国家，只是希望建立一块区域使犹太人和巴勒斯坦人共处，而由国际组织统治。

离开巴勒斯坦，爱因斯坦和艾尔莎在法国和西班牙短暂停留，于 1923 年 3 月中旬回到柏林。

7月，爱因斯坦到达瑞典的哥德堡，做了他的接受诺贝尔奖的答谢演讲，同时参加在那里举行的斯堪的纳维亚科学家大会。这个演讲是在他被授予诺贝尔奖后几个月才举行的，所以他并没有过多讨论自己获奖的光电效应研究。与会科学家们急于听到爱因斯坦在演讲中提及当今物理学领域最热点的问题，所以他选择相对论理论作为演讲的主题。

第一场演讲的两千多名听众里，大部分人并不是专业物理学家，而是包括瑞典国王古斯塔夫斯五世在内的前来捧场的社会名流，因此他在这场演讲里没有涉及高深理论的探讨。为了满足那些专业的物理学同行，爱因斯坦在首场演讲后安排了一场更专业但规模小得多的演讲，专门向物理学家们通报统一场论的进展情况。

爱因斯坦将所获得的诺贝尔奖奖金及时存入瑞士银行的账户中，但是米列娃和汉斯对不能获得所有钱、只能取出利息的安排表示不满。爱因斯坦对他们的抱怨感到很意外，他认为自己已经够慷慨了，不过最后还是同意由米列娃支配所有的钱。后来，米列娃和儿子们在理财顾问的建议下，利用这笔钱在苏黎世买下三处房产以供出租，有了这些房租，米列娃就能获得稳定而丰厚的经济来源，足可保证衣食无忧。为了修补与孩子们关系的裂痕，爱因斯坦当年夏天回到瑞士与米列娃和孩子们度过一段时间，他还带着两个儿子到德国南部度假。

与家人共度短暂的时光之后，爱因斯坦返回德国继续致力于他的和平主义倡导活动。他声称因为科学发展所产生的技术发明拥有国际性影响，比如可以用于军事科技，成为杀人工具，因此人们必须建立国际组织来防止战争，防止科学发明在战争中助纣为虐，导致生灵涂炭。

爱因斯坦加入了好几个提倡社会自由的左翼组织，或至少允许他们借用他的名义进行宣传活动。与这些组织的关系很自然地使爱因斯坦成为右翼极端分子的眼中钉，他们多次威胁要取他的性命。这些威胁可能与 1923 年 11 月希特勒领导的慕尼黑啤酒大厅暴动组织有关。希特勒企图通过这次暴动推翻新魏玛共和国的统治，但是暴动失败了，希特勒被拘留，在法庭上被法官判定有罪并且被判入狱 5 年。

这是明显的轻判，审判希特勒的主审法官明显对他抱有同情之心，因为根据当时的德国法律，阴谋推翻政府罪通常会被判死刑。希特勒在狱中声称审判为政治打压，并以自杀相威胁，同情纳粹的巴伐利亚州政府当局在其被关押仅 8 个月后便以“狱中表现良好”的名义将希特勒释放。在狱中的日子里，希特勒写完了臭名昭著的《我的奋斗》的第一部分，他在文中表达了对犹太人和斯拉夫人的仇恨，并严厉指责民主制度。

就在希特勒酝酿对犹太人仇恨、德国陷入狂热的反犹风潮之时，爱因斯坦再次短暂地躲避到荷兰直至骚乱逐渐平息。1924 年 5 月中旬，爱因斯坦写信给朋友，告知德国的政治形势变得火药味少些，他的生活又恢复了平静，不会像以前那样受到那么多的干扰。

和平环境为庆祝家庭的喜事提供了好时机。爱因斯坦又多了一个新头衔——艾尔莎和前夫所生的女儿伊尔莎与出版顾问鲁道夫·凯塞结婚，他成为凯塞的岳父。1930 年，凯塞用安东·雷瑟尔的笔名出版了爱因斯坦的第一本传记。为了将这本传记作为庆祝 1929 年爱因斯坦 50 岁生日的礼物，凯塞努力工作了一年，总算赶在他生日之前完稿。

但是爱因斯坦并不是很喜欢有关他本人的传

记，他觉得这种东西让他看起来像是一个爱慕虚荣的人，具有在公众面前亮相的渴望。爱因斯坦从来没有看过别人写的关于他的任何传记，他后来私下对一个朋友说："这样才不会被表扬冲昏了头脑，也不会被批评打击得垂头丧气。"唯一获得他赞许的传记作家是卡尔·西里格，不过他还是拒绝直接看西里格为自己写的传记。为了遵守这一信条，后来他在审阅西里格给他写的自传稿时，只好由私人秘书海伦·杜卡斯从中选取一些章节念给他听。

1922 年爱因斯坦曾拒绝南美洲的邀请，但 1925 年这次他接受了。他和艾尔莎于 3 月登船，经过 3 个月的海上航行后到达阿根廷、乌拉圭和巴西。这次，他同样带了一本旅行日记本用来记下沿途见闻，一如既往地享受着热烈的欢迎和"巨大的快乐"。

从 20 世纪 20 年代中期开始，对统一场的研究陷入困境，无法取得进展。他的一个科学界朋友在 1925 年末评论说："爱因斯坦可以钓鱼去了。"1926 年，英国皇家天文学会给他颁发金质奖章，苏联科学院也授予爱因斯坦荣誉院士的头衔。

爱因斯坦将他的旺盛精力更多地花在倡导和

平主义的社会活动上。在一战爆发过程中，他一度放弃了和平主义的努力，战后他重拾这一理想。1922 年，他支持发布了一本宣传和平主义的小册子，宣称科学家赞成和平主义者的目标是因为科学研究需要通过广泛的国际合作来完成工作。此外，“当人们服从当局的命令准备进行有计划屠杀的时候，参加或准备参加战争，那么他无权称自己是基督徒或犹太人”。

1925 年，他在一份反对强制兵役的声明上签名。其他的签名者包括印度的和平主义者、非暴力不合作独立运动领导者甘地，印度诗人泰戈尔和英国作家赫伯特·乔治·韦尔斯。爱因斯坦认为，只有国际上共同努力建立起世界范围内的反对强制兵役的体系，战争才能真正被废除。他在 1931 年写道：“有两条道路反对战争——合法的途径和革命的途径，合法的途径是允许全面推行志愿兵役制使之成为全民的权利；革命的途径就是实行非暴力不合作，打破军国主义者和平时期大权在握、战争时期同样掌控国家资源的局面。”

1925 年，保罗·冯·兴登堡当选为德国总统，汉斯·路德成为德国总理。兴登堡 1928 年从军队退役，但对政治还抱有兴趣，在完成第一个任期后，1932 年赢得连任。兴登堡当政期间并没有采取得力措施抑制希特勒的崛起，不过由于兴登堡在德国人中拥有崇高声誉和众多支持者，希特勒在他活着的时候不敢轻举妄动，也不敢颠覆宪法规定的政权体系，直到兴登堡 1934 年去世。在新总统选出来之前的过渡时期，希特勒的新法西斯青年组织建立，他的《我的奋斗》也出版了，随后德国宣布加入“国联”。

1927 年秋，索尔维大会在布鲁塞尔再度召开，中心议题是新诞生的量子理论。大会的明星是爱因斯坦和尼尔斯·玻尔，贯穿整个大会的精华部分是他们俩在量子力学理论问题上针锋相对的论战。在这次大会后，他们之间关于量子理论的辩论一直持续到爱因斯坦生命的尽头。

一直坚信因果论的爱因斯坦对量子理论中的不确定性坚决否定。1926 年，爱因斯坦在给物理学家麦克斯·波恩的信中说：“量子力学非常值得关注，但我的心里有一个声音告诉我说，目前的研究并不在正轨上。这个理论产生了很多成果，却没能让我们离真理的奥秘更近一步。我无论如何都坚信，上帝不会掷骰子。”后来他也写过类似的句子，那是多年以后的 1942 年，他在给另一个朋友的信中写道："想偷看上帝将出什么牌确实很困难。但我一秒钟也不会相信上帝会选择跟这个世界玩骰子。"据说，听到爱因斯坦关于上帝的表述之后，尼尔斯·玻尔回击爱因斯坦说："嗨，请不要再教上帝该做什么！"

汉斯·艾尔伯特此时已 23 岁，他向家里宣称将与年长自己 9 岁的弗里达·科内契特结婚。爱因斯坦强烈反对这门婚事，米列娃也觉得弗里达不够好。1928 年，汉斯和弗里达结婚后，米列娃给朋友写信说汉斯看上去"吓人地糟糕"，而"他的妻子不懂得如何照顾他，她想的只是她自己"。

弗里达后来为汉斯生了 3 个孩子——戴维、克劳斯和伯纳德，只有伯纳德活过 6 岁并长大成人。1941 年，汉斯和弗里达还收养了一个女儿伊芙琳。

1927 年 11 月，爱因斯坦和物理学家西拉德共同申请了一项专利，他们俩发明了一个后来被叫作"爱因斯坦－西拉德泵"的电冰箱配件，替代了当时存在毒气泄漏隐患的落后装置，并有效降低了噪音。

1927 年，艾萨克·牛顿逝世两百周年纪念，学术界在世界范围内举行隆重仪式来表达对伟人的尊敬。爱因斯坦应英国主办方请求为这位前辈科学巨匠撰写颂词。他利用这个机会也把英国大大地赞扬了一番，称英国设法做到了让其科学的传统和尊重知识的气氛代代相传。他指出牛顿之后的理论物理学界，几乎所有进步都是基于牛顿的思想，他还不忘揶揄一下对手，说只有量子理论是牛顿微积分数学被后人错误应用的产物。

1928 年 2 月，爱因斯坦的良师益友、荷兰物理学亨德里克·安东·洛伦兹不幸辞世。爱因斯坦匆忙赶赴荷兰莱顿大学，在洛伦兹的葬礼上致悼词。他在悼词中称洛伦兹是“我们时代最伟大最高贵的人”，“他对自己的要求就像对艺术珍品的要求，即使是最小的一处细节他都能注意到，他从来没有吝惜自己的好心和慷慨，他为人公平，而且具有对人际关系和社会事务真实而直觉的理解，这使得他成为任何他所涉及领域的领袖”。

南美之行以后，除了去 800 公里外的荷兰莱顿大学做短期讲学之外，爱因斯坦很少出远门，大部分时间都在柏林与艾尔莎及两个女儿一起生活。1928 年，爱因斯坦去瑞士达伏斯疗养，在一家旅馆里，因为看到看门的老头年纪太大，他就自己提箱子上楼，不幸导致心力衰竭，旧病复发，被紧急送医治疗。他这一病就是 4 个月，而且足足花费了一年时间才完全康复。爱因斯坦所兼的多项工作中又增加了一项——兼职和平主义组织德国人权同盟的董事，他参加普鲁士科学院的会议，拜托科学院同事定期到他家，替他将论文和演讲稿带到单位。这种情况下他依然努力工作，在此期间，他提出一种新的数学方法，爱因斯坦认为可以据此构建统一引力和磁场的统一场论，并希望借此一举完成统一场论。

他越来越需要一个能干、可靠的人帮助他处理不断增长的个人事务和通信联系等日常事务，艾尔莎忙于家务显然没有时间来做这些事。因此，在艾尔莎的帮助和同意下，爱因斯坦雇用了年轻的海伦·杜卡斯作为他的私人秘书。海伦没受过正规教育，15 岁就离开学校照顾家庭。她在爱因斯坦剩下的岁月里一直陪伴着他们夫妇，成为他们家庭的一员。爱因斯坦和海伦建立了和谐的工作关系。海伦对爱因斯坦十分尽心，全力维护爱因斯坦的公众形象，保守他的生活隐私。

1929 年 3 月 14 日，爱因斯坦度过 50 岁生日。数不胜数的生日贺卡、贺信和电报如雪片般从世界各地飞来。一位失业老工人省吃俭用买了一袋烟草送给爱因斯坦，这让爱因斯坦颇为感动，为此他破例写了一封生日答谢信。而他的朋友们特别希望送给他一个实质性礼物：以他的名义买一所夏天休假的房子。大家本来以为通过争取，柏林市政府会答应的，但是这一计划因为政治因素和财产权益等方面的问题夭折了。爱因斯坦因此对当局很是反感，决定在柏林郊区西南部的小村庄开普什自费买下一块地建造房子，房子于当年夏天修建完毕，9 月就搬入居住。这里离一个天然小湖泊只有 3 分钟的路程，他可以很方便地到湖中玩他喜欢的帆板冲浪。他的朋友们为未能办成送房子的事感到非常尴尬，就给他买了一艘帆船，同样给了他不小的惊喜。有了帆船，爱因斯坦就可以随时在家旁边的湖里行舟放松了。爱因斯坦十分享受这种乡村田园生活，由于心情愉悦，身体也恢复得很快。

他病后依然坚持工作，并于 1929 年发表了一篇论文，题为“论统一场理论”。这一题目在文章发表前便为人们所知，所以很多人都在关注着这篇论文。大众传媒的谣传称，爱因斯坦已解决了宇宙的谜团，所以整个德国都在等着他发表研究的结论。第一次印刷的论文很快脱销，一时间洛阳纸贵。文章发表之后，学术界的批评意见也跟着来了。爱因斯坦尝试着做过几次修正，但终于在几年后承认自己得出的结论是错误的。

大约从这时起，爱因斯坦开始与比利时皇后一家建立长期的友情和通信往来。他在拜访定居于比利时的舅舅凯撒·科赫时接到比利时皇后的邀请，会见中他遵从皇后的要求，和侍女一起演奏乐器三重奏。交谈中皇后的谦逊和诚恳让爱因斯坦很感动。一年以后，爱因斯坦再次拜访了皇后和她丈夫。正因为他们之间良好的关系，爱因斯坦几年以后躲避纳粹迫害寻求避难时，比利时皇室起到了至关重要的作用。

1930 年，汉斯的儿子伯纳德出生，爱因斯坦当上了祖父，而艾尔莎的另一个女儿玛格特也出嫁了，然而他的幼子爱德华却患上了严重的精神疾病。爱因斯坦早就对爱德华的精神健康有所担心，爱德华头脑聪明，有惊人的记忆力，也弹得一手好钢琴，但他在个人情绪控制上有一种“病态的低能”。

1930 年初夏，爱因斯坦突然接到了爱德华给他的歇斯底里的控诉信。爱因斯坦慌忙赶往苏黎世，米列娃在绝望中告诉他，爱德华患上了日益严重的精神忧郁症，苏黎世和维也纳的精神病专家都不能遏止他大脑功能的迅速衰竭，康复已经无望。爱因斯坦在绝望中返回柏林，变得愈加苍老抑郁。

此时，德国国内民族主义情绪不断增长，局势动荡不安，席卷全球的经济萧条使得包括美国在内的很多西方国家都陷入经济危机。德国人希望新政府能给他们带来积极的变化。纳粹党在德国新一轮的选举中赢得了大多数支持，这预示着阿道夫·希特勒登上德国最高权力宝座已成定局，新一次大战的阴云笼罩于欧洲大地。

尽管右翼分子控制了德国国会，爱因斯坦还没过于担忧反犹主义日渐增长的情绪。这一年，德国出版了一本批判相对论的书，书名叫作“一百位教授出面证明爱因斯坦错了”。爱因斯坦闻讯后，仅仅耸耸肩道：“一百位？干吗要这么多人？只要能证明我真的错了，哪怕是一个人出面也足够了。”

夏天，爱因斯坦在柏林郊区的家中与印度诗人泰戈尔会面。泰戈尔身穿印度长袍来到爱因斯坦的家，他显眼的白色长须梳得一丝不乱。两位诺贝尔奖得主畅谈真理、美和音乐，爱因斯坦的继女玛格特的丈夫马里安诺夫做记录。两个伟人对创造力和哲学的洞察使对话进行得很愉快。泰戈尔后来回忆说："像充过电的白头发、闪亮有神的眼睛和温和的举止是我对他的印象，他所思考的是如此抽象的几何和数学原理……在我看来，他是一个很看重人与人之间关系的人，他很乐意跟我交流，为人深得我心。"

1930 年 10 月，爱因斯坦到比利时首都布鲁塞尔参加平生最后一次索尔维大会。他照例拜访了比利时皇后一家，在给艾尔莎的信中他说："就我一人跟皇后一家一起共进晚餐，甚至没有一个仆人陪伴在侧，我们共享了一些菜肴，如菠菜、炒鸡蛋、西红柿，等等，一顿便饭而已，我和他们在一起非常高兴。"参加完大会离开比利时，他回到瑞士苏黎世故地重游。他在那儿接受了母校苏黎世联邦理工学院授予的荣誉博士学位，并且作为嘉宾参加了母校 75 周年庆典。

1930 年末，爱因斯坦同艾尔莎起身前往美国加利福尼亚讲学，他在此前与美方签订了一个协议，每年冬天都要去讲学，为期 3 年。这是第一个冬季，要到 1931 年春才能返回柏林。在去美国沿途所到国家的短暂停留中，爱因斯坦一有机会就发表一些反战演讲，经常搞得东道主颇为尴尬。1931 年 1 月，在美国，喜剧大师卓别林邀请爱因斯坦参加《城市之光》在好莱坞的首映礼。爱因斯坦被影片深深感动，之后去看了《摩登时代》，再次被感动得热泪盈眶。他给卓别林写信说：“您的电影世界上每个人都能看懂，您会成为一个了不起的人。”卓别林回应：“让我佩服您的是，相对论没人懂，但您已经是伟人了。”

5 月，爱因斯坦到英国开始了为期一个月的休假，其间他在牛津大学一块黑板上写下的几个方程式至今还留在那里。此时的爱因斯坦已经决定离开德国，正留意寻求下一份合适的工作，他更偏向于留在欧洲。

1931 年 12 月，爱因斯坦乘游轮再度来到美国，他不改初衷，继续做反战演讲，并开始批评美国存在的种族歧视现象。

爱因斯坦还同意为纽约《时代》杂志写一篇关于宗教的文章，题为“宗教与科学”。包括这篇文章在内，爱因斯坦在 1927—1932 年之间写了许多封信和文章，勾勒出他个人的宗教信仰。在宗教信仰方面十分保守的美国，这些问题远比在欧洲更加敏感，所以他的这一表态一度在美国引起轩然大波。在这篇被一些宗教信徒认为具挑衅意味的文章中，爱因斯坦表示他所信仰的是一个“宇宙的宗教”，对他来说即是对生命和宇宙更崇高、更深入、更博爱的响应，而不是任何自古以来流传下来的有组织的宗教形式。他宣称：“我所谓的宇宙宗教体验是我进行科学研究最强烈、最崇高的内在动力；信奉宇宙宗教的天才们，不论他们的年纪大小，都是经过这种宗教情感的洗礼，拥有了这种情感就会知道世上没有什么教条，没有任何上帝能够骗过人类的想象力。照我看来，艺术和科学的最大作用就在于唤醒这种宗教情感，让它在有志于科学与艺术的人心中永续存在。”这是一个“奇迹般的秩序，表现在所有自然现象以及思维世界中”。对于这种宗教的信徒，“以敬畏为基础的宗教对他们毫无作用。一般宗教中所谓上帝的奖赏和惩罚对他们来说难以想象”。

在他后来为另外一家杂志所写的《我的信仰》一文中，爱因斯坦再次表明了自己的信仰和人生观。他在文中写道：“我从来没有把安逸和快乐当作最终的追求——我把这种追求当作猪圈理想……一直以来引导我人生的是……真、善和美。”

1932 年初，爱因斯坦在美国遇到了亚伯拉罕·弗莱克斯纳——普林斯顿物理研究所的负责人，他来征询爱因斯坦是否有留在美国的可能。普林斯顿物理研究所由两位富有的美国新泽西州商人出资捐建，宗旨是囊括世界上理论性学科的顶尖学者到这里做研究，只研究理论，不需要实验。爱因斯坦对弗莱克斯纳的建议很感兴趣，但并未敲定。

1932 年夏天返回德国后，爱因斯坦依然无所畏惧地反对即将到来的纳粹统治。他这一年中最后一次倡导和平的行动是与德国哲学家、心理学家西蒙德·弗洛伊德的书信交流，探讨战争发生的原因和组织战争的方法。国联知识分子合作委员会第二年将两人往来的信件出版。爱因斯坦在通信交流中指出，“通向国际安全之路依靠的是无条件放弃部分国家主权”。从中可以得知，他从此时开始考虑倡导建立一个世界政府，并希望通过这种方式至少达到武器控制的目的，就像他后来所声称的“这是维持和平的唯一途径”。

1932 年 12 月，爱因斯坦和艾尔莎第三次登上去美国的客轮。离开德国前，他告诉普鲁士科学院的同事和留在欧洲的家人，他们会在明年 4 月回来。

第三章
晚年抉择与小镇老人

小镇居民

然而他们再也回不去了。1933 年 1 月 30 日，希特勒登台，施行种族清扫政策。爱因斯坦所有的财产都被没收，3 月 10 日他在《纽约世界电讯报》上发表声明抗议希特勒的法西斯暴行，表示永不回德国。第二天，他和艾尔莎乘船前往欧洲，28 日抵达比利时，他先到布鲁塞尔，把德国护照放在德国大使面前，第二次放弃了德国国籍。

对于国籍问题，爱因斯坦向来淡然处之，有一次他在法国演讲时说："如果我的相对论被证实了，德国会宣布我是个德国人，法国会称我是世界公民。""但是，"他继续说道，"如果我的理论被证明是错的，那么，法国会强调我是个德国人，而德国会说我是个犹太人。”

在比利时，爱因斯坦住在一个叫作勒科克的海滨小镇，由于和皇室的友谊，他在这里得到了特别保护。他们的房子是用大圆木建筑的，周围有武装骑兵队巡逻，为了不引人注意，巡逻队由姑娘组成，当局禁止勒科克居民向任何人提供关于爱因斯坦住处的消息。

在德国纳粹印制的一本画册上，第一页就是爱因斯坦，上面历数了他包括“创立相对论”在内的多重罪行，备注上标注的是：尚未处决。可爱因斯坦反而越战越勇，他通过各种可能的方法发表声明、言论，与法西斯进行斗争。

一天，一些人在柏林会议厅集会，攻击爱因斯坦的“谬论”，有些自以为是的狂徒极力讽刺挖苦相对论，引来一些无知者的阵阵笑声。爱因斯坦镇定地走进会议厅，找了一个位子坐下。每当他听到演讲者荒谬的斥责声时，便随着听众一起哈哈大笑，有时还跟着鼓掌，喝倒彩。

1933 年 3 月 30 日，普鲁士科学院宣读了爱因斯坦的辞职书。他对大多数德国同行表示失望，5 月 26 日他致函给劳厄说：“德国科学家对政治问题置若罔闻，将德国局势的去向毫无抵抗地拱手让给轻率分子。科学家在政治事件中持观望态度，表明他们缺乏责任感。”

爱因斯坦关于和平的思想也有所转变，他告诫民众只要法西斯主义统治着德国，就不会有和平，要做好战争的心理和物质准备。他的这种转变招来了包括罗曼·罗兰在内的一批和平主义者的质疑和批评。1934 年 11 月，美国一名政治刊物编辑写了一篇批评爱因斯坦改变和平主义者立场的文章。作为回应，爱因斯坦发表了一篇题为“和平主义的重新审查”的文章。“下面是我的回答。我深信这样的原则：只有组织超国家的仲裁法庭才能真正解决和平问题……可是今天，应当认识到，某些强国已使它们的公民不可能采取独立的政治立场。这些国家，通过到处插手的军事组织，利用被它们奴役的报纸和集中控制的无线电广播，以及系统的教育，来散布虚假的消息，宣扬侵略的外交政策，把人民引向歧途……在目前情况下，我不相信消极抵抗是一种建设性的政策，即使它是以最英勇的方式来进行的。不同的时代需要不同的手段，尽管最后的目标仍然保持不变。”

在欧洲避难的几个月里，爱因斯坦在牛津做了一次演讲，和丘吉尔见过一次面，也最后去了一次瑞士，看望被关在精神病院的幼子爱德华。这是父子俩最后一次见面，或者应该说是爱因斯坦最后一次看望儿子，因为爱德华分崩离析的思维里已经没有见面这个概念了。这个自幼腼腆聪明的孩子对父亲有着深深的崇拜和同样深深的怨恨。父子俩自说自话，天才和疯子只有一墙之隔。

1933 年 4 月，杜卡斯和迈尔从柏林秘密赶来和爱因斯坦夫妇相聚。他们和秘书杜卡斯在法国巴黎短暂停留，于 1933 年 10 月 10 日登船前往美国。伊尔莎和玛格特两姐妹及其夫婿都决定暂时留在欧洲，没有一同前往。

在普林斯顿，他们搬入市中心附近图书馆大街拐角的一处临时住所。他们的新住所刚好位于普林斯顿大学暂借给高级研究所的数学大楼和正在修建的研究所新址的中点。一年半后他们搬入离此不远的马舍尔大街 112 号的永久居所，54 岁的爱因斯坦和 57 岁的艾尔莎在新大陆开始了新的生活，从此再也没有回过欧洲。

爱因斯坦渐渐地融入美国社会，关注人道主义和政治活动，但他的新上司亚伯拉罕·弗莱克斯纳要求他不要过问此类事务，这也是出于非常时期对爱因斯坦的保护。有一次，美国总统富兰克林·罗斯福邀请爱因斯坦访问白宫，弗莱克斯纳竟擅自替爱因斯坦回绝了。爱因斯坦得知后非常生气，他痛恨对个体意愿的不尊重，他威胁弗莱克斯纳，如果再这样做他将辞去职位，同时他写信给罗斯福表达歉意。1934 年 1 月，罗斯福总统通过信件再次邀请爱因斯坦到白宫做客，夫妇俩很高兴地赴约。

爱因斯坦在普林斯顿的收入不菲，但生活依旧简单，甚至比他在德国学术界时还要简单一些。他唯一算得上奢侈的一次消费就是买了一个帆板，以便到普林斯顿那个风景如画的小湖泊里冲浪。艾尔莎则特别享受这种中产阶级生活方式。

1934 年 5 月，长女伊尔莎在巴黎病重，艾尔莎赶紧乘船奔赴欧洲看望女儿，37 岁的伊尔莎于当年 7 月去世。这年年底，小女儿玛格特和丈夫搬到普林斯顿，伊尔莎的丈夫鲁道夫·凯塞留在欧洲，定居荷兰，他在那儿忙于将爱因斯坦的著作《我所看到的世界》编辑成书。

1935 年，爱因斯坦一家搬到马舍尔大街 112

号，这栋两层白色小楼有着黑色的屋顶、木制的门廊，还有一个小庭院。爱因斯坦去世后，海伦·杜卡斯继续在此生活直到去世。根据爱因斯坦的遗嘱，去世后他的房子给研究所的同事做私人居所，所以现在那里其实依然是一所普通民宅，只是会有很多游人远远地望一望爱因斯坦曾经生活过的地方。

在普林斯顿，爱因斯坦被当作一般居民看待，隐私也得到了很好的尊重，但他的故事还是很多，因为他出现在人们视野中的形象总是那样与众不同：一件皱皱巴巴的旧夹克，一头随风飘摆的凌乱白发，手中拿着一个圆筒形冰淇淋，急匆匆地从街上走过，中间不时停下来逗逗孩子，拍拍小狗……活脱脱一个卡通人物。

小朋友们尤其喜欢他，在他遗留下来的信件中，有一个小姑娘用稚嫩的笔迹给他写了一封信：“亲爱的爱因斯坦先生，我在一篇文章中看到你的照片，我认为你应该去理理发，这样看起来好看一些。”爱因斯坦也特别喜欢儿童。在普林斯顿校区，一个 5 岁的男孩对爱因斯坦很感兴趣，他常常在爱因斯坦上班的路上向他提问题，男孩的母亲因此感到抱歉，觉得她的儿子浪费了爱因斯坦宝贵的时间。但是有一天，她看到孩子跟爱因斯坦聊得特别开心，爱因斯坦还大声笑起来。于是母亲问男孩刚刚和爱因斯坦教授聊了什么，男孩说："我问他今天上过厕所没有。爱因斯坦先生很高兴，说总算有人问了他一个可以回答的问题。"还有一个小姑娘第一次跟着母亲到爱因斯坦家里去，看见爱因斯坦头发乱乱的样子吓哭了，小姑娘的母亲很尴尬，爱因斯坦却高兴地笑起来，摸着孩子的头说："只有你对我说了真话！"

爱因斯坦的邻居有一个 12 岁的女孩子，放学后总爱到爱因斯坦家里玩，妈妈知道以后把孩子责骂了一顿，同时赶紧跑去向爱因斯坦道歉，说孩子不懂事，浪费了他许多宝贵的时间。爱因斯坦若无其事地笑着说："您不必介意。她带甜饼给我吃，我教她做数学题。不过，我从她那里学到的东西，恐怕比她从我这里学到的还要多！"

此时的爱因斯坦已经苍老，但是目光仍旧炯炯有神，行动仍然迅疾麻利，他正致力于自己的统一场论。他的助手英费尔德的记录让我们有机会详细了解爱因斯坦的日常生活。英费尔德与爱因斯坦有过多年的交往，而且相识的过程也颇具戏剧性：当年在柏林的时候，英费尔德是一个饱受歧视的波兰学生，他冒昧地去拜访爱因斯坦，请爱因斯坦为他写一封推荐信，以便能够顺利地在柏林求学。令他没想到的是，爱因斯坦在问清缘由之后立即帮他写了一封热情洋溢的推荐信。事实上，爱因斯坦在成名之后一直乐于替各种各样的年轻人写推荐信，不管他是否了解对方，这很可能是他年轻时期一职难求所留下的后遗症，就像小时候被父亲严厉管束的男人有了自己的孩子后多半会娇纵溺爱一样。有一次，普林斯顿一家医院要聘请一位 X 光专家，一个犹太年轻人来求爱因斯坦帮忙，爱因斯坦立即写了一封推荐信。几天后又来了一个从欧洲逃出来的犹太人请求帮忙，爱因斯坦又写了一封推荐信。这样，他给四个犹太人写了四封推荐信，让他们去争夺同一个职位，以至于面试时，推荐信还没拿出来，招聘的人就说："收起爱因斯坦的推荐信吧，来这儿求职的每个人都有一封。"

当年英费尔德在拿到推荐信后，又向爱因斯坦索要了一张签名照作为纪念，爱因斯坦也爽快地答应了，"不过，你也得送我一张你的签名照，这样才平等"，英费尔德被这个要求感动了，"他的话使我感到平等并给了我自信，是我日后前进的强大动力……尽管当时他穿了一件皱皱巴巴的上衣，裤子上还缺了一个纽扣，但是什么都影响不了我对他的无比崇敬”。英费尔德顺利进入柏林的一家高校，毕业后去了波兰沃夫斯基大学任副教授。

1936 年，法西斯乌云已笼罩波兰，英费尔德再次求助于爱因斯坦，很快他就收到了普林斯顿研究院的邀请书，被聘为爱因斯坦的助手。他一到普林斯顿，马上就去敲爱因斯坦办公室的房门，爱因斯坦没有任何寒暄，开口就问他对今后工作的想法，就在英费尔德想着怎么回答的时候，勒维·契维塔推门走进屋来。

勒维·契维塔的数学方法是爱因斯坦广义相对论的重要基础理论，他当时已年近 60 岁。这位身材瘦小的意大利数学家拒绝效忠法西斯政权，也在美国普林斯顿找到了一个避难处。勒维·契维塔看见爱因斯坦有客人就想离去，但爱因斯坦请他留下来一起谈，英费尔德回忆说：“他们指着黑板上的公式，自以为在讲英语，实际上是意大利语、德语的综合体，我仔细地观察从容沉着的爱因斯坦和那位使劲做手势的又瘦又小的勒维

·契维塔，这样的场面，加上爱因斯坦不时提一提裤子——因为没系腰带——的滑稽模样，以致我大概永远也不会忘记。我尽力忍住不发笑，我暗示自己‘你和世界上最著名的物理学家讨论物理学问题，因为他没系腰带，你却在笑’。这样的暗示起了作用，我忍住了笑。”

当勒维·契维塔离开后，爱因斯坦和英费尔德一起回爱因斯坦家。一路上，他向英费尔德讲述了自己对量子力学的态度。爱因斯坦认为，从美学的观点看来，量子力学不能令人满意。“我随他走进一幢房子，走进有一个大窗户的工作室，窗外是一个美丽的花园，充满美国秋天生动的色调，在这里，我听到了他一整天来所讲的第一句，也是唯一一句与物理学无关的话：‘从这个窗户望去，景色多美啊！’”

适应了美国的生活后，爱因斯坦开始设法为自己和家人申请美国国籍。那时，只有美国驻外领事馆受理这项业务，于是，爱因斯坦决定趁此机会到百慕大群岛旅游，并在那儿提交申请。他和艾尔莎带着海伦·杜卡斯和玛格特，于 1935 年 5 月乘船来到百慕大群岛。群岛美国领事馆为了表达对爱因斯坦的敬意，特意为他们一家举办了一次盛大的晚会进行庆祝。这次出游是爱因斯坦最后一次到美国以外的地区。

依依惜别

1936 年，艾尔莎患上了严重的肾病，在接下来整整一年中都痛苦不堪。这一年中，她到纽约北部边远地区的一个湖泊边住了一段时间。自从两年前女儿伊尔莎去世，艾尔莎的健康状况也开始走下坡路，再也没有恢复过来。爱因斯坦整日陪着她，艾尔莎对此颇感欣慰，她说："我从来没有想到我对于他这样珍贵，现在我为此感到快乐。"1936 年圣诞节前夕的 12 月 20 日，60 岁的艾尔莎去世了。"由于内心和生活的折磨，我们每个人都与年俱变，而艾尔伯特却仍像童年时一样。"艾尔莎在去世之前如是说，听上去像一句恋世的哀叹，可这是一句深沉的情话，是与爱因斯坦多年婚姻生活的总结，里面又包含了多少对于爱因斯坦的疼爱和宽容。

在 1936—1937 年间，英费尔德几乎每天都到爱因斯坦那里去同他见面，并多次陪他在普林斯顿散步。英费尔德关于这个阶段的回忆，给爱因斯坦的肖像增添了新的细线条和色彩。在试图描述爱因斯坦连续工作的极度紧张程度时，英费尔德说：“就像一架最富有生命力的机器永远在他的脑子里转动似的。爱因斯坦能谈政治，能以他所特有的极其惊人的好心肠听取种种请求，回答种种问题。但是，在这些外部活动后面能感觉出他在不断地思考科学问题；他的大脑机器不停地开动，只有死才能中断这架机器的永恒运转。”

爱因斯坦已经到了时常会和生命中重要的人生死永别的年龄，他心里有多少伤痛无处言说，只能独自在普林斯顿的林荫道上散步。不过痛失伴侣的爱因斯坦在家里并不孤单，继女玛格特与丈夫已离婚，回到家中居住，还有私人秘书杜卡斯也住在他家。三年后，妹妹玛雅从欧洲来到美国陪伴他。此外，爱因斯坦让自己专注于工作，这使得他不会感到孤单寂寞。爱因斯坦说，艾尔莎去世后，他的生活更封闭，过着“熊一样的生活”，整天待在洞穴里与世隔绝，艾尔莎再也不会像以前那样陪伴着他进行一些社交活动了。

这一年，汉斯获得父母的母校苏黎世联邦工学院的博士学位。第二年，他来到美国看望刚刚失去艾尔莎的父亲。1938 年，汉斯辞去瑞士的工作，举家搬到美国，并在美国农业部找到一份工作。不过他并没有同父亲和姑姑住在一起，而是领着妻子和孩子定居于美国北卡罗来纳州的东部城市格林维尔。汉斯一家刚搬到美国不久，悲剧再次降临爱因斯坦的家庭。爱因斯坦的小孙子、汉斯和弗里达年近6岁的小儿子克劳斯突然夭折。

得知这个不幸的消息后，爱因斯坦给汉斯夫妇写信道：“作为父母最痛苦的事降临到你们身上……虽然我跟克劳斯在一起只有很短的时间，但他跟我是那么亲，对我来说仿佛在我的身边已长大成人了似的。”克劳斯死后，伯纳德成为唯一的小孩，汉斯夫妇在1941年收养了一个小女孩，取名伊芙琳。1947年汉斯成为加州理工大学伯克利分校的一名水利工程学教授。1958年，汉斯的妻子弗里达去世后，他与伊丽莎白·罗伯茨结婚。汉斯·艾尔伯特1973年逝世于马萨诸塞州的伍兹豪尔。

1939年，爱因斯坦的妹妹玛雅从意大利来到普林斯顿，她的丈夫保罗·温特勒因为健康原因被拒绝进入美国境内，只好暂时搬到日内瓦的朋友家。保罗认为在当时的局势下，妻子到美国跟哥哥在一起安全得多。至此，爱因斯坦在马舍尔大街的家里住着他本人、妹妹玛雅、继女玛格特和私人秘书海伦·杜卡斯，还有一只叫“奇科”的狗和一只叫“老虎”的猫（它的名字取自普林斯顿大学的吉祥物）。后来，爱因斯坦 75 岁生日时朋友又送来一只鹦鹉。

爱因斯坦仍然做演讲，与物理学界的朋友们保持联络，但他已不再是活跃在科研一线的物理学家了。艾尔莎去世的第二年，即 1937 年，一整年他只发表了一篇科学论文，还是与一位年轻的合作者内森·罗森合作的。除此之外，因为年纪太大，要想熟练掌握一门语言更加困难，所以他的英语口语一直很糟，经常在信中向朋友们抱怨自己学说英语的巨大困难。他能够写和说一些简单的英语句子，也能读一些准备好的英语演讲稿，但如果是时间较长的讨论或对话，一般就会使用德语。他大部分的信件和全部的论文都是先用德文写下来，然后由秘书海伦·杜卡斯或同事翻译成英语。

德国的政治已在极端主义中越陷越深，法西斯分子和共产主义者在国内政治舞台上互相攻击，政府已不再对保持和平感兴趣。在这种政治气氛下，德国退出“国联”，并退出所有相关的军控谈判。当深得人心的总统兴登堡 1934 年去世后，希特勒终于等到出头之日，他迫不及待地推翻了宪法规定的政府体制，宣布自己为“国家元首”，要求所有德国公民和军队向他效忠，他在纳粹“第三帝国”内拥有至高无上的权力，并决定压制、取缔其他所有政治党派，焚毁所有犹太人和政敌的书籍，包括爱因斯坦和弗洛伊德的全部作品。

1939 年前，大批的艺术家和科学家都在千方百计地设法离开德国。6 月，希特勒开始将德国国内许多政治和军事反对者转移到集中营杀害，并整肃纳粹党内他不信任的人。他获知纳粹党内有人在谋划一个针对他和政府的阴谋，对此他下令杀了不少人。

更可怕的是，病态的种族优越感和种族偏见让许多纳粹分子进入到一种危险而又狂热的状态——任何宣扬宽容的德国人都将被拘押杀害。根据希特勒的说法，这些人大部分是犹太人和共产主义者。此外，所有现代主义艺术都被取缔，代之以所谓的现实主义，科学研究要为军备服务。

这段时间，德国政府已准备推翻一战后的凡尔赛条约体系，停止支付战争赔款，并重新开始在全国推行强制兵役制。希特勒的外交政策和国内建设计划在 1936 年 3 月 29 日的德国全民公投中以令人吃惊的 98.8%的高票通过。希特勒在欧洲的影响日益增长，许多亲纳粹团体急切地想让他们的国家成为希特勒极力扩张的纳粹第三帝国的一部分。希特勒宣称将恢复德国在一战后失落的力量和威信。许多国家和自治领地由于深受席卷世界的经济大萧条影响，不堪一击，很容易成为希特勒第三帝国的目标。

随着希特勒的兴起，欧洲的其他独裁者也顺着这股逆流登上统治地位，如西班牙的弗朗哥、意大利的墨索里尼、葡萄牙的萨拉查和苏联的斯大林都是在这个时候开始掌权的。

在普林斯顿，爱因斯坦为从世界各地传来的坏消息忧虑得坐立不安。他对美国国内政治的批评少了，但是继续表达他关于战争与和平的立场，倡导美国参战以保卫欧洲和人类文明。他声称，为达成国际合作，单个国家牺牲部分国家主权是完全值得的，人们应该从国际角度思考问题。他还说，为了避免人类同归于尽，必须杜绝侵略行为。他坚持认为通过世界范围的教育运动，增强国与国之间的相互理解，并尊重各国不同的文化和需求，人类是能够废除战争的。

爱因斯坦继续帮助从德国逃离到美国寻求庇护的难民，他帮助这些人寻找赞助人或工作机会，并在必要时给予他们经济上的帮助，甚至仅因为被一些人无法证实的悲惨遭遇所打动，而向素不相识的陌生人提供援手。1938 年，德国终于如愿吞并奥地利，这导致了大批奥地利难民逃难到美国。爱因斯坦没有能力满足越来越多的求助，美国当时也正处于经济大萧条中，失业率很高，工作机会也不多，实际上他意识到自己其实也是日益增长的在美犹太难民中的一分子，当时很多犹太学者都逃到了美国。除了这些学者，他非常喜欢和跟他关系密切的朋友以及一些受过教育但非学术界的人，如内科医生、艺术家和作家等，一起讨论一些非物理学的话题。

爱因斯坦为犹太复国主义所做的努力仍在继续。1938 年，他在为总部设在纽约的巴勒斯坦劳工问题委员会发表的题为“我们欠犹太复国主义者的债”的演讲中，集中讲述了犹太人目前面临的糟糕境地。但爱因斯坦在演讲中乐观地说，犹太复国运动在犹太人中形成了新的社区观念，使得许多人远离反犹主义的国家，致力于在巴勒斯

坦的开创性工作。

1939 年 5 月，爱因斯坦在普林斯顿理论研讨会上就科学和宗教做了一场题为“我们的目标”的演讲。在演讲中，他认为科学和理性的方法不能影响一个人的信仰，也就是说，科学和理性的方法有其局限性。因此，宗教在现代社会生活中最重要的作用是使这个社会的价值观和目标变得明确。通常情况下，强有力的传统将为社会的抱负和价值观提供坚实的基础，因为传统已在一个健康的社会中运作良好，证明了自身的价值，所以无须另外证明其正当性。

1939 年 9 月 1 日，德国入侵波兰并吞并了波兰北部的港口城市格但斯克。两天之内，英国和法国对德国宣战，美国当时保持中立，并未马上参战。德国继续向波兰西部进发，很快占领波兰首都华沙，并马上在那里设立了德国占领军政府。与此同时，苏联企图在本土之外与纳粹德国形成一个缓冲地带。

战场在海外，美国依然有条不紊地准备着 1939—1940 年在纽约召开的世界博览会。博览会的主题是“明天的世界”，意在促进科学技术进步，并借助这种进步达到经济的繁荣和个人的自由。这个博览会在经济大萧条和美国参加二战之间召开，具有巨大的象征意义，标志着世界未来的希望。爱因斯坦和家人在博览会期间来到弗拉兴牧场欣赏展览。遵从大会主办方的请求，爱因斯坦提交了一篇题为“致我们的子孙后代”的声明，存放在大会所设的时代文物密藏容器内。在声明中，他回顾了一些世界上最有影响的科技成就，并告诉未来的世代，现在的人类正生活在经济和战争的恐慌之中。

20 世纪 40 年代初，爱因斯坦在美国新泽西州首府特伦顿宣誓成为美国公民。此时，战争在欧洲大陆四处蔓延，远东地区日本军国主义也悍然发动对亚洲邻国的侵略战争。在迫在眉睫的战争压力下，温斯顿·丘吉尔当选为英国的新一任首相，他向英国国民做了激情澎湃的题为“鲜血、汗水和泪水”的演讲，动员民众准备面对即将到来的战争。德国继续入侵挪威、丹麦、荷兰、比利时和卢森堡；荷兰和比利时很快投降，德国成功占领这两个国家；意大利也在此时向法国和英国宣战。德国军队于 1940 年 6 月中攻下法国首都巴黎。在远东，日本法西斯开始大规模入侵中国、缅甸和菲律宾等亚洲近邻。德国、意大利和日本结成邪恶轴心——轴心国集团，相互承诺向各自提供经济和军事的帮助，以促成各自在自己战略地区的目标。

在战争中，爱因斯坦一直充满反德国的情绪，特别是听到波兰首都华沙的犹太人区暴动被残酷镇压的时候，这种情绪更是难以遏抑。爱因斯坦写了两段著名的声明，哀悼华沙起义的死难者。1944 年，为了支援战争，爱因斯坦将他的一些资料拿出来拍卖，其中 1905 年的狭义相对论手稿拍出 650 万美元，另一份手稿拍出 500 万美元，爱因斯坦没有想到数额会如此巨大。

在盟军的强大攻势下，德国军队放弃抵抗，希特勒于 1945 年 4 月 30 日自杀身亡，德军官员于 5 月 7 日正式宣布投降。盟军的攻势在经过一系列艰难的胜利之后终于在欧洲战场获得全面胜利，因此 5 月 8 日被确定为欧洲胜利日。此时，在太平洋战场上，日本人还在负隅顽抗。

20 世纪 30 年代，原子科学得到了极大的发展，并自 40 年代开始对世界造成深远的影响。1934 年，原子科学的泰斗玛丽 · 居里去世了，她的女儿约里奥 · 居里和丈夫弗里德里克 · 约里奥 · 居里首次通过阿尔法粒子轰击元素的方式获得人造放射能。

爱因斯坦的老朋友里奥·西拉德也在这个时候悄悄地提交了中子触发连锁反应的专利申请。第二年，他将该技术转让给英国海军部，希望使专利成为保密技术。

尽管是爱因斯坦发现了质量与能量之间的秘密，但他没想到原子能竟然能如此迅速地发展。在20世纪初，有的物理学家甚至还不相信原子的存在，而仅仅过了几十年，人们就找到了释放原子能量的方法。当质能转化方程刚刚被提出来的时候，有记者采访爱因斯坦：“我们什么时候才能将质量转化成能量?”爱因斯坦则给了他一个形象的比喻：“想实现它的难度，就像拿着枪在夜空中打鸟，而且还是在一个基本没鸟的国家。”

1939年7月的一天，里奥·西拉德找到爱因斯坦，跟他一起来的还有物理学家尤金·魏格纳，他们向爱因斯坦通报了从铀-235中获得原子裂变的结果。他们俩担心，如果德国科学家想到要利用原子裂变产生的巨大能量的话，可能会利用这个原理来制造原子弹。爱因斯坦听到这个消息十分担忧，马上同意过问此事。

8月，西拉德起草了一封给美国总统罗斯福

的信，提醒总统德国纳粹在战争中使用核武器的可能性。信中强调，如果德国成功地制造出原子弹而美国无视这项研究的话，结果将是灾难性的。爱因斯坦当时就在信上签了名，而且只有他一个人在信上签名，但这封信直到10月份才被送到罗斯福总统手上，这时第二次世界大战已在欧洲开战一个多月。

战争初期，美国并没有决定参战，但罗斯福总统已开始积极筹划未来的参战计划，因此他对爱因斯坦的信所传达的重要信息表示感谢。他马上着手任命一个委员会专门研究从铀的裂变中制造原子能武器的可能。由于这个决定，美国在新墨西哥州沙漠的洛斯阿拉莫斯开始了高度机密的曼哈顿计划，研究和安装的原子弹在1945年让日本人吃尽了苦头。

1945年7月16日，美国原子弹的试爆实验成功。数周后，两颗原子弹投向日本，巨大冲击波、强烈光辐射和核辐射瞬间夺去了广岛7万人的生命，在长崎死亡人数约在4万。日本人于1945年8月14日投降，第二次世界大战至此以盟军的胜利告终。

见证了原子弹的危害，爱因斯坦的良心一直

被这个自己1905年的发现所产生的杀人武器所困扰。如果知道德国科学家不能制造出原子弹，他绝对不会在那封给罗斯福总统的信中签上自己的名字。实际情况是：虽然德国科学家意识到了利用原子连锁反应的可能性，但苦于没有制造原子弹所需的物资而没有采用这个计划。

为了阻止世界上核武器的使用，爱因斯坦1945年11月在一篇杂志上发表文章，号召建立一个世界政府，其使命在于控制原子弹的使用和其他所有军事活动。他一如既往地从事和平主义活动，他警告人们："我不知道第三次世界大战将会怎么进行战斗，但我可以告诉你第四次世界大战时人们将用什么进行战斗——石头!"

战争结束时，爱因斯坦正好从研究所退休，但他依然精力充沛。1945年12月，在纽约阿斯特饭店为诺贝尔奖获得者举行的年终盛宴上，爱因斯坦表达了对年轻的同行们热衷于制造原子能武器的担忧。他严肃地指出："战争已结束，但和平并未降临。"美国和苏联之间的军事竞赛还在继续。他认为只要每个国家还保留着各自独立的军备就总会有战争发生。他担任了新成立的原子能科学家紧急委员会主席，这个机构倡导原子能的和平用途。从这时起直到去世，爱因斯坦全身心地投入到促进和平以及建立世界政府的努力中。

在与德国的关系上，他对这个国家的厌恶感至死无法释怀。除了一些曾经坚定地反对希特勒及其纳粹统治的德国人，他不愿意与其他任何德国人有联系。他将出生地乌尔姆授予他的荣誉市民称号拒之门外，1952 年再次拒绝了西柏林荣誉市民称号，1953 年又拒绝了国际反对兵役组织德国分部的入会邀请。

1947 年，在倡导用非侵略手段解决国际争端的时候，爱因斯坦批评美国政府将军事力量的重要性置于其他因素之上，导致政府中的强硬派势力甚嚣尘上。他警告说，正是从奥托·冯·俾斯麦和凯撒·威廉二世时期开始的类似军事至上的思想导致了德国在不到一百年里发动了两次战争。

1948 年，忍受多年伤痛之后，72 岁的米列娃在瑞士苏黎世去世，人们在她的床垫中找到了 8 万瑞士法郎。米列娃晚年饱受病痛和精神的摧残，只有从触手可及的钱币中才能找到安全感。人们喜欢将米列娃和居里夫人加以比较，她们生活在同一时代，年龄相差 8 岁，都是天赋异禀并敢于向世俗挑战的女人，不同的是居里夫人遇到了一位尊重女性的丈夫皮埃尔·居里，使她的天赋和信心在婚姻中有增无减，从而两次荣获诺贝尔奖，而米列娃爱上了爱因斯坦——一个没有能力在生活中包容女性的人，从而让自己的才华和锐气被生活吞噬殆尽。对于这样的对比和假设，我们只能理解为人们对米列娃的怜惜，爱情和生活本来就和一个玄之又玄的“命运”紧密联合，而且站在旁观者的角度，我们永远不可能完全理解别人的抉择有着怎样的来龙去脉。

1948 年，一个以色列临时政府由犹太人领袖宣布成立，英国人在两个月之内撤出，然后以色列正式宣布独立。经过近一年的战乱，以色列和各阿拉伯国家达成停战协议，一个暂时的并不稳定的和平最终在这片土地上建立起来。魏茨曼成为新一任以色列总统，这也是两千年来犹太国家的第一任总统。1952 年魏茨曼逝世后，爱因斯坦曾一度被提名为以色列总统，但是被他婉拒了。爱因斯坦对人们的肯定感到万分荣幸，但自认为不适合担任这份工作。

爱因斯坦的妹妹玛雅战后本来计划返回欧洲

照顾生病的丈夫，但是最终没能成行。在普林斯顿刚刚度过了几年安稳日子，玛雅不幸患了中风，从此瘫痪。爱因斯坦的肠胃病痛也时常发作，在他 70 岁生日的前几个月，医生诊断他可能患有肠溃疡，因此将他送到纽约布鲁克林犹太人医院住院治疗，但到医院仔细检查后发现他腹部大动脉旁边有一个动脉瘤，这个瘤已长到葡萄大小，并对动脉产生一定挤压。医院决定采取保守疗法。几个星期后，爱因斯坦出院回到家中，不过这为以后的病情埋下了病根。

出院后，他到佛罗里达疗养了一段时间，在适宜的气候和优美的环境下调养，病情有了很大好转。于是爱因斯坦开始写那本著名的《爱因斯坦自述》，还将这份自传戏称为是为自己提前准备的“讣告”。回到普林斯顿后，爱因斯坦发现玛雅的情况更糟了。作为哥哥，爱因斯坦坚持每天晚上给妹妹读一段文章，陪妹妹度过几个小时。随着年龄的增长，爱因斯坦兄妹俩的感情越发深厚，两人的外表也变得越来越像，特别是发型。他俩并排坐着时，如果从后面看过去，很难分清谁是哥哥谁是妹妹。他的朋友莉莉·科勒描述道：“两位老人并排坐着，他俩浓密的白发看上去如出一辙，两人心灵相通，互相敬爱。”玛雅于 1951 年，即她 70 岁那年，在普林斯顿去世。她的去世给爱因斯坦的生活留下了巨大的空缺。

爱因斯坦于 1949 年迎来自己 70 岁生日。生日当天，300 多名科学家在普林斯顿欢聚一堂，并举行了关于爱因斯坦对现代物理学贡献的研讨会。爱因斯坦从听众席中缓缓穿过，全场鸦雀无声，注视着这位老人慢慢地从他们身边走过，然后整个大厅响起如雷般的掌声。

第二年，爱因斯坦意识到自己恐怕来日无多，于是写下了最后遗言。他指定经济学家朋友内森·罗森为遗嘱执行人，同时罗森与海伦·杜卡斯一起作为他所有文字、手稿和资料等财产的托管人；爱因斯坦指明，在罗森和杜卡斯去世后将他所有的文字和资料财产全部捐献给希伯来大学；小提琴则赠给孙子伯纳德，个人财产分给海伦·杜卡斯、大儿子汉斯、小儿子爱德华和继女玛格特。

1950 年 2 月，美国成功制造出第一颗氢弹。爱因斯坦对此十分生气，他警告说，如果氢弹投入使用，整个地球都会充满致命的辐射。他决定在普林斯顿通过电视向全国发表演讲。6 月，在联合国一个电台采访中，他继续警告说：“军备竞赛并非阻止战争的合适方法。在这个错误的方向上，每走一步都将把我们往灾难推进一步……”

在美国，参议院麦卡锡无中生有地策划反共运动，爱因斯坦建议那些被麦卡锡瞄上的人拒绝与这些非法听证会合作，他认为这些调查活动有违宪法规定的个人权益。他就此事在 1953 年写信给一位教师说：“我觉得用甘地的非暴力不合作的方法最合适……拒绝做证的同时还应该声明这种拒绝是基于这样的认识，即让清白的美国公民接受这样的调查是让民主和人权蒙羞的，也是违反美国宪法精神的。”

1953 年，爱因斯坦在物理学方面的活动很少。这年夏天，甚至连他在普林斯顿大街上蹒跚而行的身影都很少见了。当他听着树荫里陪伴了他 17 年的知了的清鸣，想必总在问自己：这次是否是最后一次看到这些景象；那些吃着冰淇淋、逗小狗、和邻居们闲聊的平淡而祥和的日子可能很快就要随他而去了。他在这一年还是设法写了一篇关于统一场论的短文章，这是他关于这个题目的最后一篇文章，文章中仍透露着他始终如一的乐观和自信。

半个世纪前奥林匹亚学会的成员都已垂垂老矣，哈比希特在一次旅途中经过巴黎。3 月 12 日，爱因斯坦生日的前两天，哈比希特和索洛文见面，想起 50 年前在伯尔尼的美好回忆，二人提笔，在一张巴黎圣母院的明信片背后写下：

给我们正确、尊敬、无人可比的学会会长：虽然您缺席，但我们依然给您保留了席位。今天庄严地召开了我们这世界知名学会的会议。席位我们一直为您暖着，企盼，等待，是的，等待，等待您的莅临。

哈比希特

我，作为光荣的学会的老会员，看着这张空座位，这本属于您的席次，忍不住老泪盈眶。我只能在此致以我最谦逊、尊敬、来自内心的问候。

M. 索洛文

74 岁的爱因斯坦也童心未泯，他在 1953 年的 4 月 3 日，写了这封回信：

致永恒的奥林匹亚学会：

亲爱的学会，在你短暂的历程中，你以童稚的欢愉，在一切单纯和智慧中汲取欢乐。你的会员创造了你，借以模仿嘲弄你那成立已久的姐妹学会。在我多年的小心观察下，你的嘲弄可是多么的一针见血啊！

至少，我们三位会员的友谊，被时间证明是持久的。即使我们已经衰老，可是你的一点光亮，闪烁耀眼，依然照着我们孤独的朝圣旅途。因为你和我们不同，你不会衰老，你只会变成一棵长得过大的包心菜。对你，我们衷心地献上忠诚和热爱，直到我们最后的一息。

A. E. 如今谨作为一个远程会员敬上。

1953 年夏天，一个热浪滚滚的午后，爱因斯坦的朋友、著名的图书编辑萨克斯・康明斯因突发心脏病被紧急送往医院，74 岁的爱因斯坦知道后，立即赶去探望。康明斯的妻子多萝西回忆说："那时天气又热又潮，但爱因斯坦还是走到医院——他没有汽车也不想买汽车，我想，他走在路上时，脚下的柏油恐怕都因为受热而熔化了。当他走进特护病房时，萨克斯见到他立即说'我的天，爱因斯坦教授，这么热的天气你怎么还来呀’，爱因斯坦说‘只要心中有爱，什么困难都不在话下’。我将永远记住这句话。他给萨克斯送了一束花，还附有一张卡片，上面写着：‘看来只有魔鬼才能让你休息一会儿。衷心祝福你。’”

1954年，爱因斯坦患上溶血性贫血症，他的骨髓不能产生足够的红细胞来补充正常代谢的损失。他坚持写作他最后一篇科学论文，这篇论文的合作者是布鲁里娅·考夫曼，一位生于巴勒斯坦、在美国接受教育的年轻女物理学家。在一年之中，考夫曼拜访了爱因斯坦数次，向他报告论文的进展情况。

1954年，正当麦卡锡和非美活动调查委员会的政治迫害甚嚣尘上的时候，“原子弹之父”罗伯特·奥本海默被麦卡锡怀疑是共产主义同情者。对于老朋友所遭受的无辜的指控，爱因斯坦坚定声援。

在生命的最后几年，爱因斯坦的快乐并不多，但普林斯顿至少给了他安宁。他逐渐退出了各种公开活动，同几个朋友到普林斯顿静谧的卡内基小湖玩帆船。医生禁止他吸烟，所以他只好拿着烟斗，时不时叼在嘴里。他很久以前就拉不动小提琴了。他会接待各种来客，有些是从外地赶来的甚至在半夜登门拜访。

1954 年 10 月，爱因斯坦在一封信中说，如果他能够再活一次，他不会选择成为科学家，而更愿意成为管道工或其他小贩，并“希望在那种情况下还能找到适度的独立思考的能力”。或许他怀念起在伯尔尼专利局的日子，那时他还没有出名，拥有更多的自由、精力、时间和选择。

1955 年初，英国哲学家罗素与爱因斯坦联系，请求爱因斯坦以及其他科学家与他一起发表一份联合声明，反对世界上越演越烈的军备竞赛。罗素将这份声明寄给爱因斯坦，爱因斯坦于 4 月 11 日在声明上签名，并将它寄回给罗素。这份著名的声明被后人称为《罗素一爱因斯坦宣言》。

就在忙于签署宣言的那几天，爱因斯坦感到下腹部疼痛难忍，但他不让海伦·杜卡斯给他的医生打电话。4 月 13 日下午，爱因斯坦突然出现短暂休克，杜卡斯赶紧找来医生，医生给他注射了一针吗啡止痛，但是没有将爱因斯坦转入医院，因为他认为这可能是小规模内出血导致的疼痛，很快就会没事的。

第二天，更多的医学专家来为爱因斯坦诊断

病情。爱因斯坦对此非常反感，强烈要求他们离开，让他一个人待着。所有人，包括爱因斯坦自己都知道他腹部的动脉瘤破裂了，死亡正在逼近。他只是问医生这样的死会不会“很可怕”。医生们回答说不知道会怎样。海伦·杜卡斯被爱因斯坦的突然发病和他异常的表现吓得乱了方寸，爱因斯坦责备她说：“你真是太可笑了。我总是会死去的，什么时候死无关紧要。”接下来的两天，他的情况变得更糟糕了。医生终于说服他住进了普林斯顿医院，这样可以定时注射吗啡止痛，减轻痛苦。

1955 年 4 月 17 日晚上，爱因斯坦安静地入睡了。刚过午夜不久，他便在睡梦中安详地离开了这个被他大大地改变了的世界。夜班护士埃尔贝塔·罗西尔是最后一个看到他还活着的人，她报告说：“他使劲呼吸了两下，然后便停止了呼吸。”爱因斯坦的继女玛格特在给家里的一个朋友的信中描述了他最后的几个小时，她写道：“他在等待着最后时刻的到来，就像在等待着慢慢来临的自然事件一样。面对死亡他很安静，是那样不动声色，毫无遗憾。”

遵照爱因斯坦的遗嘱，火化仪式上只有他至

亲的几名亲人和法律方面的证明人在场，安安静静，只有歌德悼念席勒的一首小诗响起，许多年前赫尔曼·爱因斯坦就经常在家朗诵这首小诗，那时童年的爱因斯坦也是那样沉默，不知道他还记不记得：

我们全都获益匪浅，
全世界都感谢他的教诲；
那专属他个人的东西，
早已传遍广大人群。
他像行将陨灭的彗星，光华四射，
把无限的光芒同他的光芒永相结合。

附　录

爱因斯坦受到的教育及教育方式对他一生有什么影响?

人们总是习惯将教育分为家庭教育和学校教育。从浅显的层面来讲，爱因斯坦有着比较理想的家庭教育氛围，父母都有良好的学识和审美情趣，且感情融洽，爱因斯坦幼年受到了良好的文学和艺术熏陶，假如命运没有安排爱因斯坦和物理学结缘，那么至少他会成为一个品位不俗的人。从这一点来看，他的家庭教育是成功的。但是从更广阔的层面来讲，家庭教育不仅指那些有意识地主动灌输教育，家庭生活的每时每刻、每件事情对孩子来说都是体味生活、培养品性的教育过程，从而影响其性格形成和人生抉择。

爱因斯坦少年时期家庭生活中最重要的冲突

就是父亲赫尔曼辗转经商的历程，同时，与电气工业密切相关的家庭生活，让他对科学技术情有独钟。当他全家从小镇乌尔姆搬到德国工业中心慕尼黑时，他只有 1 岁；当父亲赫尔曼事业衰败去往意大利时，他才 15 岁；当他父亲因屡次失败的打击忧郁而终时，他才 23 岁。这样的经历对爱因斯坦势必会造成重要影响。

一方面，他对工业的早早接触令他对技术产生兴趣。事实上，爱因斯坦在技术发明上也多有贡献，只不过在科学和社会等方面的巨大光芒的掩盖下，发明家这个称谓显得有些多余。爱因斯坦很小的时候就能向同学讲述电话的工作原理。稍大一些，他的叔叔雅各布曾对别人说："你知道吗？我的侄子很了不起。我和我的助理工程师绞尽脑汁考虑好多天的问题，这个年轻小伙子用了不到一刻钟就解决了。"后来在繁忙的理论研究中，爱因斯坦还获得了若干发明的专利权，有个人的，也有与人合作的。因为有瑞士专利局的工作经验，他还给许多重要的专利申请提供了技术咨询。终其一生，对技术本身和技术的社会意义，爱因斯坦都保持着高度的敏感。

另一方面，爱因斯坦对商业事务很反感，甚

至很早就开始思索隐藏在商业背后的经济制度等社会话题。在爱因斯坦的继女婿鲁道夫为他写的传记中有这样的阐述："由于他父亲的要求和他自己的数学才能，技师和工程师的职位是（爱因斯坦的）首选。可是这类职业必然要过刻板的生活，受目标与功利目的的牵制，对青年爱因斯坦来说似乎没有比这更可怕的事了。此外，他并无野心：他既不要名誉，也不要事业成功。这些世俗的观念与他是格格不入的。"犹太人天赋异禀的经商头脑在爱因斯坦身上并未体现，这可以说是天性使然，但和他父亲坎坷的经商历程也是分不开的。

青年爱因斯坦最感兴趣的是观察、理解和体验，体验的对象既是数学公式背后的自然科学，也是每时每刻生活中的人文哲学。即使他遵从了家庭的意愿去工业学校读书，但他还是选择了自己喜欢的物理专业。多年以后爱因斯坦总结了他对技术和商业的态度："我原来也想做一个技术工作者。但想到把我的发明力用在只是使日常生活更为复杂的事物上，而其目的是受资本的可怕的压迫，这是我所不能忍受的。"

在学校教育方面，爱因斯坦从小学到大学的

整个教育经历都是叛逆的。他在 1901 年 12 月 12 日给米列娃的信中写道："放肆无礼万岁！它是我在这个世界上的守护神。"爱因斯坦的叛逆从他第一次抵制家庭教师的时候就已经表现出来了。著名心理分析家爱里克·爱里克森在考察了爱因斯坦幼儿时期的证据之后也一头雾水：这个孩子起初不肯说话到底是生理或心理缺陷还是由于某种叛逆？

而如此叛逆的爱因斯坦缘何没有被制度压制、扭曲甚至摧毁？其中重要的一点是：爱因斯坦幼年的生活环境培养了他健全的人格基础，对社会、对人在本质上持有温和、包容的态度，以至于后来在回忆中显得那么严重的压迫感也不曾动摇他的人性根基，不会因为压制而将自己的内心引入偏执、极端的阴暗角落。所以他没有因为厌恶学校气氛而放弃一切科目的学习，相反，他在儿童与青年时代都保持着独立的学习态度，不管这学习有多漫长，他都用自己的节奏和感性的认知实现了，他养成了独立学习的习惯，这使他在数学、物理和哲学等领域远远超过他的同学。爱因斯坦因此能够有底气地来反对他不认同的教育制度，而不是一味地抗议。另外，爱因斯坦的反抗也是有节制的，即使在他最决绝地向中学校长提出退学申请之前，也不忘从欣赏自己的老师那里拿到证明，为自己的下一步做好准备。

当今中国仍处在转型期，教育制度的改善也在摸索中前进，爱因斯坦的主张不妨一听：“用专业知识教育人是不够的。通过专业教育，他可以成为一种有用的机器，但是不能成为一个和谐发展的人。要使学生对价值有所理解并产生热烈的感情，那是最基本的。他必须获得对美和道德上的善的鲜明的辨别力，否则他——连同他的专业知识——就更像一只受过良好训练的狗，而不像一个和谐发展的人。为了获得对别人和对集体的适当关系，他必须学习去了解人们的动机、他们的幻想和他们的疾苦。”

从个体角度来讲，教育是一个延续终生的进程，学校教育只是其中一个进行系统学习的阶段。而凡是“系统”的，就注定要与“个体”产生矛盾，如何权衡这种矛盾，清晰地知道哪些是自己真正喜爱的，哪些是需要应付的，哪些是要摒弃并起来抗议的，对一个学生来说并不容易，也没有固定答案，但是这些问题一定要开始思索。有一点可以肯定的是，无论被以怎样的方式灌输或给予，知识本身都是美丽的，获取知识是得到人类代代相传的最珍贵的礼物，而绝非负担。

爱因斯坦是如何看待科学并区分其两面性的？

爱因斯坦热爱科学，也热爱人类。他没有因为埋头于科学研究而把自己置于社会之外，他一直关心着人类的文明和进步，并为之顽强、勇敢地战斗。他说过，“人只有献身于社会，才能找出那实际上是短暂而又有风险的生命的意义”，他自己正是这样去做的。

爱因斯坦第一次集中地表达出这种情感是在第一次世界大战期间。人类始终是社会动物，容易被集体情绪所感召，所谓的文明其实很脆弱，激烈的社会冲突就像是惊涛骇浪将人性的远见、光辉和软弱、丑恶在席卷下暴露无遗。1914 年 8 月，爱因斯坦虽然身居战争的发源地，生活在战争鼓吹者的包围之中，却坚决地表明了自己的反战态度。

当德国最有名望的科学家、艺术家和牧师，包括普朗克、能斯特、伦琴等，签署《告文明世界书》，为德国发动的侵略战争辩护，鼓吹德国高于一切、全世界都应该接受“真正德国精神”的时候，爱因斯坦断然拒绝，并在与之针锋相对的《告欧洲人书》上签上自己的名字，这一举动震惊了全世界。在爱因斯坦看来，这些他曾经敬佩的学术前辈已经沦为被纳粹灌输了意识形态从而丧失独立判断能力的技术人员，爱因斯坦拒绝成为这样的角色。爱因斯坦说过的一句话很好地阐释了他这种持久热情的来源：“在长时期内，我对社会上那些我认为非常恶劣和不幸的情况公开发表了意见，对它们沉默就会使我觉得是在犯同谋罪。”

在20世纪20年代到30年代初期，爱因斯坦基本上是一个绝对的和平主义者。但是，侵略和掠夺战争不断发生的现实，打破了他那美好的梦想。特别是1933年希特勒上台后，德国日益法西斯化，爱因斯坦意识到新的野蛮战争不可避免，因此改变了自己的观点。他明确表示：“当法律和人类尊严必须保卫时，我们一定要战斗。自从法西斯的危险到来后，现在我不再相信绝对的被动的和平主义是有效的了。只要法西斯主义统治欧洲，那就不会有和平。”

由于爱因斯坦的进步活动，又因为他是犹太人，因而德国纳粹分子将其列为重要的迫害对象，幸而他1932年底离开德国到美国讲学，才未遭毒手。爱因斯坦畏惧过，但从未因畏惧而停止战斗。在为人类的进步事业而战斗的历程中，爱因斯坦一直关心着被压迫、被奴役的国家和民族。他反对法西斯灭绝犹太人的暴行，为争取犹太人的生存权利而大声疾呼。但他也反对狭隘的犹太民族主义，希望看到犹太人“同阿拉伯人在和平共处的基础上达成公平合理的协议，而不希望创立一个犹太国”。他反对美国的种族歧视政策，支持黑人的解放运动，并呼吁“美国黑人在这个方向上所做的坚定的努力，应当得到大家的赞扬和支援”。

在20世纪50年代美国麦卡锡主义盛行的时候，爱因斯坦被称为“美国第一敌人”，而一些狂热人士还说他是共产主义者，并且说他的前助手英费尔德从他那里知道了原子弹的材料，准备供给苏联这些情报。事实上，他除了担心纳粹能制造新式武器而在1939年8月2日向罗斯福总统建议这方面该进行研究所写的一封信外，之后完全不知道美国政府秘密从事原子弹的制造，当知道德国没有制成原子弹而美国已造出原子弹后，他陷入了深深的内疚和不安。他说，如果他知道德国不会制造原子弹，他就不会为“打开这个潘多拉魔盒做任何事情”。

当爱因斯坦后来从无线电广播里知道美国对广岛、长崎投下原子弹，杀伤许多平民时，他感到非常痛心。他后来写了一封告美国公民书，说：“我们将此种巨大力量解放的科学家们，对于一切事物都要优先负起责任，必须限制原子能，绝对不能使用它来杀害全人类，而应该用它来增进人类的幸福方面。”1955 年，爱因斯坦与罗素联名发表了反对核战争和呼吁世界和平的《罗素—爱因斯坦宣言》。

20 世纪是科技飞速发展的世纪。科技成果是一把双刃剑，科学工作者如果没有完整的人格体系和社会良知，其发明的科技成果将是对人类文明巨大的摧残。爱因斯坦的好友——化学家韦伯——研制的毒气不仅在战场上残害了无数年轻的生命，也在后来的集中营中用以毒害他数以万计的犹太同胞，就连他的妻子也因为目睹这一切的发生而产生深深的心理伤害，最后选择了自杀。

科学是一匹野兽，一味地夸大科技的神奇，

容易让一些懒惰的人产生对科技的迷信，并且，科学一旦落入极端主义者之手，会贻害无穷。作为科学工作者的爱因斯坦对此心知肚明，在他出版过的600多篇科学论文、社会评论、长短综述和见闻见解中，他总是在谈论科学应当对人类的自由和幸福负有使命，并且反省和警惕科学给人类带来相反的灾难。他反对战争和强权，希望个人自由，人类和谐相处，发展精神，在道德与情感之间找到平衡，不被物质奴役，不因愚蠢而失去良知。

他关注宏观的人类问题、最根本的问题，但都从人性出发，触摸着自己的灵魂说话。他说自己是“把一生目标完全放在知识和道德领域中的人”“一个想在世界各处看到社会幸福、经济公平、国际和平和阶级和平的人”“一个像吉卜赛人那样到处流浪把各种国家的经验兼收并蓄起来的人”……

正如吉尔伯特·默里所说：“生命中有两种要素，一种是瞬息即逝的和演进的，另一种则即使不是绝对的也是相对的非演进和永恒的，而道义主要关心的是后一种要素……人们可以粗略地说物质的东西被更换了，但不能说精神的东西被更换了；或者，可以说被看作是成就的每一个事物能够说被更换了，但对于被看成是生命的东西却不能这样说。”

爱因斯坦的卓越恐怕正在于他把最高深的科学探索与最高贵的人类情怀融汇在他的生命中。无论是身体力行的人生抉择，还是演讲著文，他孜孜不倦的主题都是人的自由和尊严，他提倡培养独立思考的教育，他赞美人类发展探索未知的激情，但他批判不当教育对人的摧残。

爱因斯坦一生所发表过的关于社会政治问题方面的言论比科学论文还要多。爱因斯坦关于民主和人权的许多精辟的见解，在他巨大持久的光芒掩护下，能够传播到更多的青年人那里，成为中国实现民主化艰难而漫长的斗争历程中始终存在的推动力量。

人性究竟是否孤独?

1930 年，《爱因斯坦传》由其女婿写作出版，爱因斯坦在序言中肯定了女婿对他的“亲切了解”，但接着指出作者“忽略”了他“性格中的非理性的、自相矛盾的、可笑的、近于疯狂的那些方面”。但他似乎也并不强求完美，他认为：

“这些东西似乎是那个无时无刻不在起着作用的大自然为了它自己的取乐而埋藏在人的性格里面的。……这是理所当然的。因为，要不是这样，人与人之间的距离又怎么能够缩短呢？”

普林斯顿大学毕业的一位数学博士曾去找过一位老太太聊天，因为这位老太太年轻时曾经给爱因斯坦煮过咖啡，他问这位老太太是否有关于爱因斯坦的轶事，老太太摇头说，在她眼里，爱因斯坦就是一个孤独的老头。

从某种意义上说，人人都是孤独的，或者都有孤独的时刻。老，本身也是一种孤独。但我想，煮咖啡的女子眼中爱因斯坦的孤独应该是一种常人的孤独，也是人性中最容易触摸的缺少天伦之乐的孤独。在爱因斯坦的生命里，还有一种更深沉的人性孤独，成为他人格中重要的一抹色彩。

爱因斯坦在 18 岁时写给“温特勒妈妈”的一封信中说：“我寻求孤独，随后又在孤独中默默忧伤。”当他晚年时又说：“我总是生活在寂寞之中，这种寂寞在青年时代使我感到痛苦，但在成年时却觉得其味无穷。”

但事实上，我们看到青年爱因斯坦并不像他

自己回忆的那样独立。15 岁时家人离开德国让他感受到了孤独的侵袭，甚至成为他退学的原因之一。他在早年的学术生涯中也急于获得前辈的认可，一旦遭遇非议，便立刻跳起来向对方反击，这也说明了他的脆弱。

但是，无论我们怎样努力将爱因斯坦视为一个有着和普通你我一样性情的人，我们都不能否认，爱因斯坦从很小的时候起，便熟悉了“孤独”。人在喧闹中会觉得安全轻松，但同时也容易忘记自我，而要想找到自我，实现个体的价值，就必定要承受孤独。事实上，一旦熟悉了独处的状态，孤独即为一种享受。然而爱因斯坦的孤独不仅仅是指形式上的独处，而且也指他从未曾在任何一种关系中彻底放弃对自我意识的掌控。他自己也承认，并未从属于婚姻、家庭、朋友等任何一种社会关系。

爱因斯坦认为思维过程是一种独自的活动，最初在性质上是非言语的，包括相对论在内的所有理论创建，都源于爱因斯坦从普通事物运动中引发出的想象力，他从来不走形式主义路线，他终生保持童心。只有个人才能思考，从而为社会创造新价值，不仅如此，甚至还能建立起那些为公共生活所遵守的新的道德标准。要是没有能独立思考和独立判断的有创造能力的个人，社会的向上发展就不可想象，正像要是没有供给养料的社会土壤，人的个性的发展也是不可想象的一样。

“使年轻人发展批判的独立思考，对于有价值的教育也是生命攸关的，由于太多和太杂的学科（学分制）造成的青年人过重的负担，大大危害了这种独立思考的发展。负担过重必导致肤浅。教育应当使所提供的东西让学生作为一种宝贵的礼物来接受，而不是作为一种艰苦的任务要他去负担。”这些剔骨见髓的真知灼见洋溢着奇异的温暖，也弥散着高贵的孤寂。

那么，在这个得失相随的世界上，充分发挥自我天赋的爱因斯坦，他要付出的代价是什么呢？他对穷人、弱者和被压迫阶级表现出来的人文关怀，不仅长久感动着整个世界，而且远超一般科学家所为。但他作为丈夫和父亲，却有很多烦恼与失落。爱因斯坦的私生活常为人所诟病，说得最多的是他的两次“丢脸的婚姻”以及穿插其中的几次婚外情。“我曾经有过两次丢脸的婚姻”，爱因斯坦对爱情的激情是有节制的，他从未让激情淹没自己冷静的理性，他从未把爱情看得高于一切，他在离婚前就有过外遇，并且在第二次结婚后也有过出轨行为。他认为，从本质上说，婚姻都是愚蠢的，自己也多次谈到他的不适合于家庭生活的个性。

但爱因斯坦对儿子们的爱是显而易见的。他不止一次地夸奖长子汉斯："他心地善良并且好学上进，我们的父子关系很好。"当听说汉斯在学习几何学，爱德华已经掌握乘、除法运算时，他在信中写道："很高兴看到你们的来信。今天给你们寄一包玩具，不久我会去看你们，我要给你们讲很多有趣的事情。对了，汉斯，别忘了练琴。"

阿瑟·米勒说："爱因斯坦对女人的态度，是他那个时代非常典型的。"对他来说，科学上的追求永远是第一位，至于婚姻是否美满，或许他并没有考虑太多。不可否认，他喜欢女性，也喜欢活在女人堆里，但也仅止于此，他的首要目标还是科学。一旦这些事情影响了他对科学的追求，他就会立即停止。任何事情都不会改变他喜欢科学的初衷。

在 1936 年 4 月 20 日写给一个加拿大青年的

信中，爱因斯坦说了一段话，表达了他自己的人生况味：“你对知识分子的控诉是有道理的。由于沉溺在抽象的问题中，他们大多数对人类最迫切的需要已经视而不见。这就说明了为什么他们一碰到政治问题，就要采取令人讨厌的最小阻力政策，完全躲避到他们所专心从事的特殊专业里面去。我自己就体会到，既要从事呕心沥血的脑力劳动，又要保持着做一个完整的人，那是多么困难呀。”

曾在1927年给爱因斯坦画像的巴伐利亚画家约瑟夫·萨尔，于1938年逃出纳粹监狱来到普林斯顿，他在这里曾问过一位老人这样一个问题：“对爱因斯坦科学著作内容毫无所知的人为什么如此仰慕爱因斯坦呢?”老人回答说：“当我想到爱因斯坦教授的时候，我有这样一种感觉，仿佛我已经不是孤孤单单一个人了。”

爱因斯坦语录

自从出名以来，我变得越来越笨了，当然这是一种普遍现象。在一个人同他在其他人心目中的形象之间，至少在同其他人所说的他们心目中的形象之间，确实有着天壤之别。但他却不得不以一种诙谐幽默的心情来接受这一事实。

我已长大成人，可是仍然无所作为，一点忙也帮不上，这真使人肝肠寸断。我只能加重家庭的负担。确实，如果当初根本没有生我，情况可能会好一些。唯一使我坚持下来的，唯一使我免于绝望的，就是我自始至终一直在自己力所能及的范围内竭尽全力，从没有荒废任何时间，日复一日，年复一年，除了读书之乐外，我从不允许自己把一分一秒浪费在娱乐消遣上。

如果人人都像我这样生活，那么根本就不可能产生什么浪漫小说……

这个世界是一所疯人院，有了名望就有了一切。

人们似乎已经丧失了对正义和尊严的热爱，不再珍惜先辈们做出巨大牺牲才争取到的一切……归根到底，人类一切价值观都建筑在道德观念之上，我们的摩西在人类原始时期就认清了这一点，这就是他独特的伟大之处。与此相反，看一看今天的人们吧！

一个着了魔的人还能干些什么呢？如同我年

轻时一样，我现在无休止地坐在这里冥思苦想，希望能够发掘出深埋地下的秘密。那个所谓的伟大世界，也就是那个喧嚣杂乱的人间尘世，对我越发没有吸引力了。因此我日复一日地发现自己越来越像一位隐士。

为了思维而思维，如同音乐一样！

我酷爱正义，并竭尽全力为改善人类境况而奋斗，但这些同我对科学的兴趣是互不相干的。

也许在每个人的生活中都会出现一些能够决定他思想和行动的外部事件，但对于大多数人这种事件没有起任何作用。

客观地衡量，一个人在寻求真理的激烈斗争中所能取得的东西实在是微乎其微的。但这场斗争使我们打破了对自身的束缚，并使我们同世界上最优秀最伟大的人结成同盟。

如果你所做的决定得不到你父母亲的允许，那你就必须扪心自问：我是否从心灵深处真正独立于世了？是否真的能够违反父母的意愿而又不破坏自己内心的平静？这是你采取行动的唯一依据。

诚然，没有经验基础就很难发现真理。但是，如果我们探索得越是深入，我们的理论所包罗的范围变得越是广大，那么，在决定这些理论时，经验知识所发挥的作用就越小。

啊，青年，你们是否知道，人类并不是从你们这一代才开始渴望过上充满自由的美好生活的？你们是否知道，你们的历代祖先都同你们一样，追求过美好的生活？——然而各种纷争仇恨使他们全遭失败？

你们是否知道，如果要实现你们炽热的希望，那就只有热爱并了解世间万物：男女老少、飞禽走兽、树木花草、星辰日月，只有这样你们才能与人同甘共苦，同舟共济？睁开你们的眼睛，打开你们的心房，伸出你们的双手，不要像你们的祖先那样从历史中贪婪地吮吸鸩酒毒汁。那么，整个地球都将成为你们的祖国，你们的所有工作和努力都将造福于人。

任何一位认真从事科学研究的人都深信，在宇宙的种种规律中间明显存在着一种精神，这种精神远远地超越于人类的精神，能力有限的人类在这一精神面前应当感到渺小。这样研究科学就会产生一种特别的宗教情感，但这种情感同一些幼稚的人所笃信的宗教实在是大不相同的。

（圣诞节）请你们想一想大家举行盛典庆贺其生日的那个人的教导，这些教导都很简单，但近两千年来这些教导却未能在人们当中盛行。请学会通过使别人幸福快乐来获取幸福，而不要用同类相残的无聊冲突来获取幸福。如果你们心中能够容得下这点天良，那么你们的生活中的每一个沉重的负担都会变得轻松，或者至少是可以忍受的，你们就能耐心而无畏地找到生活之路，而把欢歌笑语带到各处。

肉体与灵魂并不是两个不同的东西，而只是察觉同一事物的两种不同的方法而已。同样，物理学与心理学只是试图用系统思维把我们的经验贯穿起来的不同尝试而已。

政治如同钟摆，一刻不停地在无政府状态和暴政状态之间来回摆动，其原动力则是人们长期的、不断重现的幻想。

我们这个时代的神秘主义倾向表现在所谓的通神学和唯灵论的猖獗之中，而在我看来，这种倾向只不过是一种软弱和混乱的症状而已。

我们的内心体验是各种感觉印象的再造和综合，因此，脱离肉体而单独存在的灵魂这种概念，在我看来是愚蠢而没有意义的。

我不相信什么人格化的上帝，我从不否认这一点，而一向说得清清楚楚。如果我身上有什么称得上宗教性的东西，那就是一种对迄今为止我们的科学所能揭示的世界的结构的无限敬畏。

我必须指出，如果一个人不满足于知道一些表面现象而要深入探索，这项工作就非常艰苦。我认为，最好把个人的内心追求和自己的实际工作区别开，而且区别得越清楚越好。如果一日三餐都依靠上帝恩赐，那就很不好了。

雄心壮志或单纯的责任感不会产生任何真正有价值的东西，只有对于人类和对于客观事物的热爱与献身精神才能产生真正有价值的东西。

作为一个人，人所具备的智力能够使自己清楚地认识到，在大自然面前自己的智力是何等的欠缺。如果这种谦卑精神能为世人所共有，那么人类活动的世界就会更加具有吸引力了。

莫扎特的音乐过去是、将来也永远是优雅、温柔而流畅的。生活中总有一些东西是永恒不灭的，无论是命运之手，还是人的一切误解都奈何它不得。能潜心于一些永恒的事情毕竟是很好的事，因为只有从这些永恒的东西中才能产生出一种精神，这种精神能使人世间重获和平与安宁。

千万别把学习视为义务，而应该把学习视为一种值得羡慕的机会。它能使你们了解精神领域中美的解放力量，它不但能使你们自己欢乐无比，而且还能使你们将来为之工作的社会受益匪浅。

一个人用来维持生计的工作应该是他确信自己有能力从事的工作。只有在我们不对其他人负有责任的时候，我们才可能在科学事业中找到乐趣。

我的宗教思想只是对宇宙中无限高明的精神所怀有的一种五体投地的崇拜心情。这种精神对我们这些智力如此微弱的人只显露了我们所能领会的极微小的一点。伦理道德是十分重要的，但这只是对我们而言，而不是对上帝。

在这种宗教情绪中，既没有目标，也没有必须做的事，只有一种纯粹的存在。正因为如此，我们这种人才把道德看作仅仅是人的事情，虽然它在人类领域中居于重要地位。

对于量子你越是紧追不舍，它们就躲藏得越巧妙。

我们这一时代的一大特征就是科学研究硕果累累，科研成果在技术应用中也取得了巨大成功。大家都为此感到欢欣鼓舞。但我们切莫忘记，仅凭知识和技巧并不能给人类的生活带来幸福和尊严。人类完全有理由把高尚的道德标准和价值观的宣道士置于客观真理的发现者之上。在我看来，释迦牟尼、摩西和耶稣对人类所做的贡献远远超过那些聪明才智之士所取得的一切成就。

如果人类要保持自己的尊严，要维护生存的安全以及生活的乐趣，那就应该竭尽全力地保卫这些圣人所给予我们的一切，并使之发扬光大。

我一向认为我自己的生活既有趣味又有意义，并且我深信人类的生活完全有可能并且有希望变得更有意义。实现这个目标的客观和主观条件都已具备。

我们人类总是以为自己的生活很安全，在这个似乎是既熟悉又可靠的物质环境和社会环境中很自在。可是一旦日常生活的正常进程被中断，我们就会认识到，自己就像在海上遇难的人一样，只知抱着一块无济于事的木板，却忘了自己来自何方，也不知自己将漂向何处。但是只要我们能全盘接受这一点，那么生活就会变得轻松，我们也不再会感到失望了。

听着耳边这阵阵欢呼，
有时我被弄得稀里糊涂；
偶尔清醒时我竟会怀疑，
真正发疯的莫不是我自己？

我喜欢的音乐家有巴赫、莫扎特和一些意大利以及英国的老作曲家。我对贝多芬的兴趣要差很多，但很喜欢舒伯特。

很难说巴赫和莫扎特哪个更吸引我。我并不在音乐中寻求逻辑。总的来说，我全凭直觉，对音乐理论一无所知。如果我不能凭本能抓住一部作品的内在统一结构，那我就不会喜欢这部作品。

我一向认为亨德尔的音乐很好，甚至达到了完美无缺的程度。但他的音乐还是有一点浅薄。我认为贝多芬的音乐戏剧性过浓，个性过强。

我也很喜欢舒伯特，因为他表达感情的能力很强，并且在旋律创作方面颇具才力。但他几部篇幅较大的作品在结构上有一定缺陷，这使我感到迷惑不解。

舒曼篇幅较小的作品对我颇有吸引力，因为它们很有独到之处，感情充沛，但他在形式上显得毕竟平庸，使我不能充分地欣赏。我认为门德尔松很有天才，但似乎缺乏深度，因而他的作品往往流于庸俗。

我认为勃拉姆斯的几首歌曲和几部室内乐作品很有价值，其音乐结构也同样有价值。但他的大部分作品在我看来好像都缺乏一种内在的说服力。我不明白写这种音乐有什么必要。

我赞赏瓦格纳的创作能力，但我认为他的音乐作品在结构方面有欠缺，这是颓废的标志。另外我认为他的音乐风格使我不可名状地感到咄咄逼人。因此他的大多数作品我听起来都感到厌恶。

我认为施特劳斯天资过人，但他缺乏意境美，只对表面感兴趣。我并不是说我对所有的现代音乐都不喜爱。我认为德彪西的音乐纤巧多彩，但结构上有缺陷。这种音乐无法激起我的强烈热情。

有一点我确信不疑：真正的艺术应该产生于创造力丰富的艺术家心中的一股不可遏制的激情。

音乐并不影响工作，它们两者都从同一个渴望之泉摄取营养，而它们给人们带来的慰藉也是互为补充的。

有些人生来就是个孤独者。

叔本华曾经指出，在痛苦中忍受煎熬的人总是无法演出悲剧来，而是注定要陷入悲喜剧之中。诚哉斯言！我自己就常有这种感受。昨天被奉为偶像，今天遭人唾弃，明天被人遗忘，再过一天又被封为圣徒。只有靠幽默才能解脱。只要我们一息尚存，那就得千万保持这种幽默。

客观地说，根本就不存在什么自由意志。我认为我们必须提防那些威胁他人的人，不管他们是出于什么动机。为什么要制定责任标准呢？我认为今天人们的伦理道德之所以沦丧到如此令人恐惧的地步，主要是因为我们的生活的机械化和非人性化，这是科学技术思想发展的一个灾难性的副产品。真是罪孽！我找不到任何办法能够对付这个灾难性的弊病。人比他所居住的地球冷却得更快。

你我这种人虽然同所有人一样到时候都得死亡，但不管我们活多久我们都不会衰老。我是说，在这个我们所降生于其间的伟大的神秘世界面前，我们永远是充满好奇心的孩子。这就在我们同人世间所有那些不能令人满意的东西之间隔开了一定距离。这并不是什么微不足道的小事。

通向人类真正的伟大的道路只有一条，那就是历尽艰险苦难的道路。如果这种苦难是囿于世俗传统的社会的盲目和昏庸所造成的话，那么它往往使弱者产生盲目的仇恨，而强者则因此产生高尚的道德力量，这是一种人间罕见的巨大力量。

自古至今，领袖们之所以能够掌权并不是凭借他们的思维和决策能力，而是凭借他们的号召力、说服力和利用同伴们的缺点的能力。

这个爱好文化的时代怎么可能腐败堕落到如此地步呢？我现在越来越把厚道和博爱置于一切之上……我们所有那些被人大肆吹捧的技术进步——我们唯一的文明，好像是一个病态心理的罪犯手中的一把利斧。

宽容就是对于那些习惯、信仰、趣味与自己相异的人的品质、观点和行动做恰如其分的评价。这种宽容不意味着对他人的行动和情感漠不关心。这种宽容还应包括谅解和移情……

任何一种伟大高尚的事物，无论是艺术作品还是科学成就，都来源于独立的个性。只是在文艺复兴使个人有可能不受束缚地发展自己的时候，欧洲文化才在打破令人窒息的停滞状况方面取得了最重要的成就。

因此，最重要的宽容就是国家与社会对个人的宽容。为了确保个人自身的发展所不可缺少的安全，国家当然是必要的。但如果国家变成主体，而个人沦为唯命是从的工具，那么所有好的价值就全部丧失了。必须先砸碎磐石然后才能长出树木，必须先松土然后植物才能茁壮成长。同样，只有在人类社会达到足够的开放水平、个人能够自由发展自己的能力的时候，人类社会才能取得有价值的成就。

人类最重要的努力莫过于在我们的行动中力求维护道德准则。我们内心平衡甚至我们的生存本身全都有赖于此。只有按道德行事，才能赋予生活以美和尊严。

教育的首要任务可能就是把道德变成一种动力，并使人清楚地认识到这一点。

道德的基础不应该建立在神话之上，也不应该同任何权威联系在一起。否则，对神话的怀疑或对这一权威合法性的怀疑，都有可能影响健全的判断和行动的基础。

如果当今各种不同宗教的信徒们在思想和行动上都能诚心诚意地遵循这些宗教的创始人的精神，那么在不同信仰的追随者之间就不可能出现由宗教而产生的敌对。即使是宗教领域里的冲突也会被揭露出来：原来只是些无谓之争。

专业化总是自命不凡地透过有角质架的眼镜来观察事物，把事物所有的诗意全都破坏了……

“我们”这个字眼我总信不过，
没有人能指着另一个人说：“他就是我。”
协议背后总有些事情不大可靠；
外表的一致掩盖着鸿沟一条。

哲学是其他一切学科的母亲，她生育并抚养了其他学科。因此人们不应该因为哲学的赤身裸体和贫困而对她进行嘲弄，而是应该希望她那种堂吉诃德式的理想会有一部分遗传给她的子孙，这样他们就不至于流于庸俗了。

正因为他的伟大是如此崇高，他才变得谦逊，这不是什么故作姿态，而是出自于他内心的需要。

不管什么时候都得把自己看成是在火星上生活，周围全是一群怪物，对这些怪物的任何行动都不要产生任何浓厚的兴趣。同一些动物交朋友，这样你就会重新欢乐起来，再也不会有什么东西烦扰你了。

千万记住，所有那些品质高尚的人都是孤独的——而且必然如此——正因为如此，他们才能享受自身环境中那种一尘不染的纯洁。

一个人要是住在虚无缥缈之乡，他不难成为一个理想主义者；拉特瑙虽然住在尘世上，并且能辨别别人难以辨别的尘世上的各种气息，但他却是一个理想主义者。

（以上文字段落来自各种关于爱因斯坦的资料）

爱因斯坦年表

1879 年 3 月 14 日上午 11 时 30 分，爱因斯坦出生在德国乌尔姆市班霍夫大街 135 号。父母都是犹太人。父名赫尔曼·爱因斯坦，母名波林·爱因斯坦。

1881 年 11 月 18 日，爱因斯坦的妹妹玛雅在慕尼黑出生。

1884 年，爱因斯坦对罗盘着迷。

1885 年，爱因斯坦开始跟随母亲学小提琴。

1886 年，爱因斯坦在慕尼黑公立学校读书，在家里学习犹太教义。

1888 年，爱因斯坦入路易波尔德中学学习。在学校继续受宗教教育，接受受戒仪式。弗里德曼是指导老师。

1891 年，爱因斯坦自学欧几里得几何学，感到狂热的喜爱，同时开始自学高等数学。爱因斯坦开始怀疑欧几里得的假定。

1892 年，爱因斯坦开始读康德的著作。

1894 年，爱因斯坦一家移居意大利。

1895 年，爱因斯坦自学完微积分。同年，爱因斯坦在瑞士理工学院（德文首字母缩写词 ETH）的入学考试中失败。

1896 年，爱因斯坦获阿劳中学毕业证书。10 月 29 日，爱因斯坦迁居苏黎世并在瑞士理工学院就读。

1899 年 10 月 19 日，爱因斯坦正式申请瑞士公民权。

1900 年 8 月，爱因斯坦毕业于苏黎世联邦工业大学。12 月，完成论文《由毛细管现象得到的推论》，次年发表在莱比锡《物理学杂志》上。

1901 年 3 月 21 日，爱因斯坦取得瑞士国籍。5—7 月完成电势差的热力学理论的论文。

1902 年 6 月 16 日，爱因斯坦被瑞士伯尔尼专利局雇用。

1903 年，爱因斯坦与大学同学米列娃 · 玛利奇结婚。

1904 年 9 月，爱因斯坦由专利局的试用人员转为正式三级技术员。

1905 年 3 月，爱因斯坦发表量子论，提出光量子假说，解决了光电效应问题。4 月，向苏黎世大学提交论文《分子大小的新测定法》，取得博士学位。6 月，完成论文《论动体的电动力学》，独立而完整地提出狭义相对论原理，开创物理学的新纪元。

1906 年 4 月，爱因斯坦晋升为专利局二级技术员。11 月，完成固体比热的论文，这是关于固体的量子论的第一篇论文。

1907 年，爱因斯坦升职为专利局一级技术员。

1908 年 10 月，爱因斯坦兼任伯尔尼大学编外讲师。

1909 年 10 月，爱因斯坦离开伯尔尼专利局，任理论物理学副教授。

1910 年 10 月，爱因斯坦完成关于临界乳光的论文。

1911 年，爱因斯坦从瑞士迁居到布拉格。

1912 年，爱因斯坦提出“光化当量”定律。

1913 年，爱因斯坦返回德国，任柏林威廉皇帝物理研究所所长和柏林大学教授，并当选为普鲁士科学院院士。

1914 年 4 月，爱因斯坦接受德国科学界的邀请，迁居到柏林。8 月，第一次世界大战爆发。爱因斯坦虽身居战争的发源地，生活在战争鼓吹者的包围之中，却坚决地表明了自己的反战态度。9 月，爱因斯坦参与发起反战团体“新祖国同盟”，在这个组织被宣布为非法、成员大批遭受逮捕和迫害而转入地下的情况下，爱因斯坦仍坚决参加这个组织的秘密活动。10 月，德国的科学界和文化界在军国主义分子的操纵和煽动下，发表了《告文明世界书》，为德国发动的侵略战争辩护，鼓吹德国高于一切，全世界都应该接受“真正德国精神”。在《告文明世界书》上签名的有 93 人，都是当时德国有声望的科学家、艺术家和牧师等，就连能斯特、伦琴、奥斯特瓦尔德、普朗克等都在上面签了名。当征求爱因斯坦的签名时，他断然拒绝，并毅然在反战的《告欧洲人书》上签上了自己的名字。这一举动震惊了全世界。

1915 年 11 月，爱因斯坦提出广义相对论引力方程的完整形式，并且成功地解释了水星近日点运动。

1916 年 3 月，爱因斯坦完成总结性论文《广义相对论的基础》。5 月，提出宇宙空间有限无界的假说。8 月，完成《关于辐射的量子理论》，总结量子论的发展，提出受激辐射理论。

1917 年，列宁领导的苏联社会主义革命胜利后，爱因斯坦热情地支持这个伟大的革命，赞扬这是一次对全世界将有决定性意义的、伟大的社会实验，并表示：“我尊敬列宁，因为他是一位有完全自我牺牲精神、全心全意为实现社会正义而献身的人。我并不认为他的方法是切合实际的，但有一点可以肯定：像他这种类型的人，是人类良心的维护者和再造者。”

1919年，爱因斯坦与米列娃离婚。同年，与表姐艾尔莎结婚。爱丁顿证实相对论。

1921年，爱因斯坦因光电效应研究而获得诺贝尔物理学奖，他的研究推动了量子力学的发展。1月，爱因斯坦访问布拉格和维也纳。1月27日在普鲁士科学院做《几何学和经验》的报告。2月，爱因斯坦去阿姆斯特丹参加国际工联会议。4月5日—5月30日，为了给耶路撒冷的希伯来大学的创建筹集资金，爱因斯坦同魏茨曼一起首次访问美国。爱因斯坦在哥伦比亚大学获巴纳德勋章。在白宫爱因斯坦受哈定总统接见。在访问芝加哥、波士顿和普林斯顿期间，爱因斯坦就相对论进行了4次讲学。6月，爱因斯坦访问英国，拜谒了牛顿墓地。

1922年1月，爱因斯坦完成关于统一场论的第一篇论文。3—4月，访问法国，努力促使法德关系正常化；发表批判马赫哲学的谈话。4月，参加国际联盟知识界合作委员会。7 月，受到被谋杀的威胁，暂离柏林。10 月 8 日，爱因斯坦和艾尔莎在马赛乘轮船赴日本。沿途访问新加坡、中国香港、斯里兰卡和上海。11 月 9 日，在去日本途中——上海，爱因斯坦通过电报得知被授予 1921 年诺贝尔物理学奖。11 月 17 日—12 月 29 日，爱因斯坦访问日本。

1923 年 2 月 2 日，爱因斯坦从日本返回途中，到巴勒斯坦访问，逗留 12 天。2 月 8 日，爱因斯坦成为特拉维夫市的第一个名誉公民。从巴勒斯坦返回德国途中，访问了西班牙。3 月，爱因斯坦对“国联”的能力大失所望，向“国联”提出辞职。6—7 月，爱因斯坦帮助创建“新俄朋友协会”，并成为其执行委员会委员。7 月，爱因斯坦到哥德堡接受 1921 年度诺贝尔奖奖金；并讲演相对论，作为对得到诺贝尔奖奖金的感谢。爱因斯坦发现康普顿效应，解决了光子概念中长期存在的矛盾。12 月，第一次推测量子效应可能来自过度约束的广义相对论场方程。

1924 年，爱因斯坦加入柏林的犹太组织，并成为缴纳会费的会员。6 月，重新考虑加入“国联”。12 月，爱因斯坦取得最后一个重大发现，从统计涨落的分析中得出一个波和物质缔合的独立的论证。此时，还发现了波色—爱因斯坦凝聚。

1925 年，爱因斯坦受聘为德苏合作团体“东方文化技术协会”理事。5—6 月，爱因斯坦去南美洲访问。与甘地和其他人一道，在拒绝服兵役的声明上签字；接受科普列奖章；为希伯来大学的董事会工作；发表《非欧几里得几何和物理学》。

1926 年春，爱因斯坦同海森伯讨论关于量子力学的哲学问题；接受“皇家天文学家”的金质奖章；接受为苏联科学院院士。

1927 年 2 月，爱因斯坦在巴比塞起草的反法西斯宣言上签名。参加国际反帝大同盟，被选为名誉主席。10 月，参加第五届布鲁塞尔索尔维物理讨论会，开始同哥本哈根学派就量子力学的解释问题进行激烈论战。发表《牛顿力学及其对理论物理学发展的影响》。

1928 年 1 月，爱因斯坦被选为“德国人权同盟”（前身为德国“新祖国同盟”）理事。春，由于身体过度劳累，健康欠佳，到瑞士达伏斯疗养，并为疗养青年讲学；发表《物理学的基本概念至其最近的变化》。4 月，海伦·杜卡斯开始到爱因斯坦家中担任其终生私人秘书。

1929 年 2 月，爱因斯坦发表《统一场论》。3 月，50 岁生日时躲到郊外以避免生日庆祝会；第一次访问比利时皇室。6 月 28 日，获普朗克奖章。9 月以后，同法国数学家阿达马进行关于战争与和平问题的争论，坚持无条件地反对一切战争。

1930 年，由于不满国际联盟在改善国际关系上的无所作为，爱因斯坦提出辞职。5 月，在“国际妇女和平与自由同盟”的世界裁军声明上签字。7 月，同泰戈尔争论真理的客观性问题。

1930 年 12 月 11 日—1931 年 3 月 4 日，爱因斯坦第二次到美国访问，主要在加利福尼亚州理工学院讲学。12 月 13 日，沃克市长向爱因斯坦赠送纽约市的金钥匙。12 月 19—20 日，爱因斯坦访问古巴。发表《我的世界观》《宗教和科学》等文章。

1931 年 3 月，爱因斯坦从美国回到柏林。5

月，访问英国，在牛津讲学。11 月，号召各国对日本经济封锁，以制止其对中国的军事侵略。12 月，再度去加利福尼亚讲学。为参加 1932 年国际裁军会议，特地发表了一系列文章和演讲。发表《麦克斯韦对物理实在观念发展的影响》。

1932 年 2 月，对于德国和平主义者奥西茨基被定为叛国罪，爱因斯坦在帕莎第纳提出抗议。3 月，从美国回到柏林。5 月，去剑桥和牛津讲学，后赶到日内瓦列席裁军会议，感到极端失望。6 月，同墨菲做关于因果性问题的谈话。7 月，同弗洛伊德通信，讨论战争的心理问题。号召德国人民起来保卫魏玛共和国，全力反对法西斯。12 月 10 日，爱因斯坦和妻子离开德国去美国。原来打算访问美国，然而，他们从此再也没有踏上德国的领土。

1933 年 1 月 30 日，纳粹上台。3 月 10 日，爱因斯坦在帕莎第纳发表不回德国的声明，次日启程回欧洲。3 月 20 日，纳粹搜查他的房屋，他发表抗议。后他在德国的财产被没收，著作被焚。3 月 28 日，从美国到达比利时，避居海边农村。4 月 21 日，宣布辞去普鲁士科学院职务。5

月 26 日，给劳厄的信中指出科学家对重大政治问题不应当默不作声。6 月，到牛津讲学后即回比利时。7 月，改变绝对和平主义态度，号召各国青年武装起来准备同纳粹德国做殊死斗争。9 月初，纳粹以 2 万马克悬赏杀死他。9 月 9 日，渡海前往英国，永远离开欧洲。10 月 3 日，在伦敦发表演讲《生命与科学》。10 月 10 日，离开英国。10 月 17 日，到达美国，定居于普林斯顿，应聘为高等学术研究院教授。

1934 年，爱因斯坦文集《我的世界观》由其继女婿鲁道夫·凯塞编辑出版。

1935 年 5 月，爱因斯坦到百慕大做短期旅行，这是他最后一次离开美国，在百慕大他正式申请永远在美国居住。爱因斯坦获富兰克林奖章。爱因斯坦同波多尔斯基和罗森合作，发表向哥本哈根学派挑战的论文，宣称量子力学对实在的描述是不完备的。为使诺贝尔奖奖金（和平奖）赠予被关在纳粹集中营中的奥西茨基而奔走。

1936 年，爱因斯坦开始同英费尔德和霍夫曼合作研究广义相对论的运动问题。12 月 20 日，妻子艾尔莎病故。发表《物理学和实在》《论教育》。

1937 年 3—9 月，爱因斯坦参加由英费尔德执笔的通俗册子《物理学的进化》的编写工作。3 月，声援中国“七君子”。6 月，同英费尔德和霍夫曼合作完成论文《引力方程和运动问题》，从广义相对论的场方程推导出运动方程。

1938 年，爱因斯坦同柏格曼合写论文《卡鲁查电学理论的推广》。9 月，给 5000 年后的子孙写信，对资本主义社会现状表示不满。

1939 年 8 月 2 日，在西拉德的推动下，爱因斯坦上书罗斯福总统，建议美国抓紧原子能研究，防止德国抢先掌握原子弹技术。妹妹玛雅从欧洲来美，在爱因斯坦家中长期住下来。

1940 年 5 月 15 日，爱因斯坦发表《关于理论物理学基础的考察》。5 月 22 日，致电罗斯福，反对美国的中立政策。10 月 1 日，取得美国国籍。

1941 年，爱因斯坦发表《科学和宗教》等文章。

1942 年 10 月，爱因斯坦在犹太人援苏集会上热烈赞扬苏联各方面的成就。

1943 年 5 月，爱因斯坦作为科学顾问参与美国海军部工作。

1944 年，爱因斯坦为支持反法西斯战争，以 600 万美元拍卖 1905 年狭义相对论论文手稿。发表对罗素的认识论的评论。12 月，同斯特恩、玻尔讨论原子武器和战后和平问题，听从玻尔劝告，暂时保持沉默。

1945 年 3 月，爱因斯坦同西拉德讨论原子军备的危险性，写信介绍西拉德去见罗斯福，未果。4 月，从高等学术研究院退休（事实上依然继续照常工作）。9 月以后，连续发表一系列关于原子战争和世界政府的言论。

1946 年 5 月，爱因斯坦发起组织“原子科学家非常委员会”，担任主席。5 月，接受黑人林肯大学名誉博士学位。写长篇《自述》，回顾自己在科学上探索的道路。妹妹玛雅因中风而瘫痪，爱因斯坦此后每夜念书给她听。10 月，给联合国大会写公开信，敦促建立世界政府。

1947 年，爱因斯坦继续发表大量关于世界政府的言论。9 月，发表公开信，建议把联合国改组为世界政府。

1948 年 4—6 月，爱因斯坦同天文学家夏普林利合作，全力反对美国准备对苏联进行的“预防性战争”。抗议美国进行普遍军事训练。发表《量子力学和实在》。前妻米列娃在苏黎世病故。12 月，做腹部手术，在腹部主动脉里发现一个大动脉瘤。

1949 年 1 月 13 日，爱因斯坦出院。1 月，写《对批评的回答》，对哥本哈根学派在文集《艾尔伯特·爱因斯坦：哲学家—科学家》中的批判进行反批判。5 月，发表《为什么要社会主义》。11 月，“原子科学家非常委员会”停止活动。

1950 年 2 月 13 日，爱因斯坦发表电视演讲，反对美国制造氢弹。3 月 18 日，在遗嘱上签字盖章。内森博士被指名为唯一的遗嘱执行人。遗产由内森博士和杜卡斯共同托管。信件和手稿的最终贮藏所是希伯来大学。其他条款当中还有：小提琴赠给孙子伯纳德·凯撒。4 月，发表《关于广义引力论》。《晚年集》出版。

1951 年，爱因斯坦连续发表文章和信件，指出美国的扩军备战政策是世界和平的严重障碍。6 月，妹妹玛雅在长期瘫痪后去世。9 月，“原子能科学家非常委员会”解散。

1952 年，爱因斯坦发表《相对论和空间问题》《关于一些基本概论的绪论》。11 月，以色列第一任总统魏茨曼死后，以色列政府请他担任第二任总统，被其拒绝。

1953 年 4 月 3 日，爱因斯坦给伯尔尼时代的旧友写《奥林匹亚科学院颂词》，缅怀青年时代的生活。5 月 16 日，给受迫害的教师弗劳恩格拉斯写回信，号召美国知识分子起来坚决抵抗法西斯迫害，引起巨大反响。为纪念波恩退休，发表关于量子力学解释的论文，由此引起二人之间的激烈争论。发表《〈空间概念〉序》。

1954 年 3 月，爱因斯坦 75 岁生日，通过“争取公民自由非常委员会”，号召美国人民起来同法西斯势力做斗争。3 月，被美国参议员麦卡锡公开斥责为“美国的敌人”。5 月，发表声明，抗议对奥本海默的政治迫害。秋，因患溶血性贫血症卧床数日。11 月 18 日，在《记者》杂志上发表声明，不愿在美国做科学家，而宁愿做一个工匠或小贩。完成《非对称的相对论性理论》。

1955 年 2—4 月，爱因斯坦同罗素通信讨论和平宣言问题。4 月 11 日，在宣言上签名。3 月，写《自述片断》，回忆青年时代的学习和科学探索的道路。3 月 15 日，挚友贝索逝世。4 月 3 日，同科恩谈论关于科学史等问题。4 月 5 日，驳斥美国法西斯分子给他扣上“颠覆分子”帽子。4 月 13 日，在草拟一篇电视讲话稿时发生严重腹痛，后诊断为动脉出血。4 月 15 日，住进普林斯顿医院。4 月 18 日 1 时 25 分，在医院逝世。

后　记

感谢温儒敏先生邀请笔者加入“常春藤传记馆”丛书出版计划，因此有了这本《探索宇宙之谜——爱因斯坦传》。2011 年，笔者曾受王俊秀先生邀请，加入主要面向青少年读者的《现代文明人格》丛书写作，于 2012 年出版了《爱因斯坦传》。这本书于 2015 年版权到期，正拟再版。恰好温儒敏先生担任主编的“常春藤传记馆”丛书的读者也是青少年，因此笔者在原书基础上做了体例调整和局部修改，以更切合丛书整体规划和读者需要。在此感谢成书过程中，长春出版社孙振波先生与北大语文所赵静宜女士所做的沟通工作。